NHK BOOKS
1237

マルクス思想の核心
21世紀の社会理論のために

suzuki tadashi
鈴木 直

NHK出版

まえがき——復活したマルクス

イギリスの出版業者アレン・レーンが、タバコ一箱と同じ六ペンスで廉価《れんか》版ペーパーバックを庶民に提供することを思いついたのは一九三五年。こうして始まったペンギンブックスは二〇一五年に創業八十周年を迎え、一冊八十ペンス、全八十巻からなる名著選集「ペンギン・リトル・ブラック・クラシックス」を記念刊行した。文学、哲学、社会科学の古典を網羅《もうら》したこの選集の第一週目の販売部数は計七万部を超えたという。[*1] その中でオースティンやポーの小説を抑えてみごと売り上げトップの座を射止めたのはマルクス／エンゲルスの『共産党宣言』だった。

「カール・マルクスは死んだ。イエス・キリストは生きている」[*2]。これはドイツの政治家ノルベルト・ブリュームが、かつてグダニスクの労働者たちを前に誇らしげに言い放った言葉だ。時は折しも一九八九年。この演説後まもなくベルリンの壁が崩れ、さらにその翌々年にはソビエト連邦が解体した。ブリュームは長年コール政権の労働社会問題担当大臣を務め、カトリックの立場からドイツの社会政策に貢献してきた政治家だ。

しかし、ブリュームのこの死亡判定はどうやら誤診だったようだ。いったんは専門家の書庫に埋葬されたかに見えたマルクスの著作は、世紀の変わり目頃からふたたび世界各国で息を吹き返してきたからだ。

マルクスの主著『資本論』第一巻初版一千部がハンブルクの出版社オットー・マイスナーから刊行されたのは一八六七年、日本で言えばちょうど大政奉還《たいせいほうかん》の年にあたる。世界宗教の経典を別とすれば、その後の百五十年間の近現代史を通じて、これほどまでに根強い崇拝と敵視の的となり、熱心な研究と検閲の対象と化し、無数の希望と失望を歴史に刻んできた書物は他に例がない。いったいこの本にはどんなメッセージが潜んでいたのか。そしていったんは死を宣告されたかに見えたこの人物の著作が、どうしてまた二十一世紀の今日ふたたび蘇《よみがえ》ったのか。マルクスのどの部分がすでに古くなり、どの部分がなお新しさを保っているのか。本書はこうした問いに答えるためのささやかな試みとして書かれた。

まず確認しておきたいのは、マルクスの主著『資本論』が未完の大プロジェクトだったということだ。生前に出版されたのは第一巻だけで、しかも数年後の第二版では著者によって大幅な加筆修正が行われた。さらにその少し後にフランス語版が出版された際にも、マルクスは原著の記述に手を加えている。だからフランス語版は翻訳というよりは、別の版と考えた方がいいだろう。このように『資本論』の著者は絶えず自分の理論を練り直し、修正しながら延々と試行錯誤を続け、ついに自著の完成を見ることなく一八八三年に六十四歳で世を去った。

マルクスの死後、膨大な遺稿の管理者となった盟友エンゲルスは、悪筆で知られるマルクスの草稿やメモを丹念に整理、解読、配置し、一八八五年に『資本論』第二巻を、一八九四年には第三巻を編集、刊行し、自身もその翌年に他界した。しかもエンゲルスはその間をぬって第一巻の第三版（一八八三）と第四版（一八九〇）の改訂、出版まで行っている。この友人の卓越した能力と超人的努力がなければ、マルクスの著作はまったく違う運命をたどった可能性がある。

だからマルクスの主著は、すでに出来上がった建物としてではなく、完成途上にある巨大建築として眺めた方がいい。そこにはさまざまなファサードがあり、緻密《ちみつ》な細工が施された部分もあれば、比較的大雑把な箇所もある。にもかかわらず、この百五十年間、資本主義社会を全体として描き出すというマルクスの試みを大きく超えた著作はまだ存在していないように思える。細部の矛盾や過不足をあげつらうのではなく、歴史的に反証された部分については修正案を考え、未完成の部分については適宜補いながら、何よりもその全体構想に想像力を働かせることが大切だ。

こうした巨大建築は光の当たり方によっても印象は大きく変化する。マルクスの著作にもこれまでけっして均等に光が当たってきたわけではない。そこで本書の第一章では『資本論』の初版刊行当時、その五十年後、百年後、百五十年後の今日という四つの時代を取り上げ、それぞれの時代にどんな人々が、どんなふうにマルクスを読み、解釈してきたのかを紹介してみたい。

続く第二章では、二〇〇八年のリーマン・ショックで一つの頂点に達した、現代資本主義の危機を概観している。かつて西側諸国に安定と繁栄をもたらした戦後資本主義は一九七〇年代に大きな転換点を迎えた。その後、西側社会を席巻したのは新自由主義と呼ばれる資本主義の新たな形態だった。新自由主義はなぜこれほど急速に拡大し、世界各国に何をもたらしてきたのか。この問題を、ここでは二〇一三年にドイツとフランスで相前後して刊行され、大きな評判を呼んだ二冊の本、ヴォルフガング・シュトレークの『時間稼ぎの資本主義』[*3]と、トマ・ピケティの『21世紀の資本』[*4]を紹介しながら考えていきたい。

シュトレークによれば、七〇年代の危機は解決されたのではなく、貨幣の不思議な力を借りて先送りされたにすぎない。この「貨幣による時間稼ぎ」は次々と形を変えながら、今もなお続けられている。周知のように、現在は中央銀行が国家や銀行から債務を引き取る形で巨額の貨幣を市場に供給している。他方、ピケティによれば、成長率の低い経済では労働から得られる所得よりも保有資産が生み出す所得の方が大きくなる。ピケティはこのことを膨大《ぼうだい》なデータをもとに立証し、格差拡大への警鐘を鳴らした。二人の論点はそれぞれに異なるが、そこには一つの共通認識がある。それは、高度成長と再分配政策によって中間層を拡大し、階級対立を緩和することができた戦後資本主義は、資本主義全体の歴史から見れば、むしろ例外的な幸運に恵まれていたということだ。

その後の新自由主義はこの幸運な時代の遺産を一つずつ、しかし着実に取り崩してきた。それと歩調を合わせるかのように、資本主義は再び不安定化し、格差も急速に拡大した。共産圏の解体によっていったんは死亡宣告を受けたマルクスの資本主義批判に、再び目が向けられるようになったのはこうした背景による。とはいえ、この百五十年間、社会は格段に複雑化し、多様化した。現代資本主義が生み出す危機には経済政策のみならず、政治文化、マスコミ、娯楽産業、教育、就労や家族形態の多様化から宗教にいたるまで、さまざまな要因が複雑に絡み合っている。伝統的なマルクス経済学の理論だけで、この危機の処方箋《しょほうせん》を書くことはもはやできない。

しかし、マルクス思想の核心部分には、狭い意味でのマルクス経済学には還元されない、もっと豊かな社会構想が含まれていた。それはマルクスが求めていたものが単なる「政治的」解放でもなく、「経済的」解放でもなく、あくまで「人間的」解放だったからだ。そこには人間という「類的存在」に関するマルクス独自の理解があった。本書はこの原点に立ち返ってマルクスを読み直すことを提案している。いうまでもなく、人間的解放には物質的条件の充足が欠かせない。それゆえ後期マルクスは、賃金労働者の生活条件を破壊する資本主義的生産様式の分析に心血を注いだ。にもかかわらず、マルクスが人間の解放を経済的解放と同一視したことは一度もない。本書の三章から五章までは、初期マルクスの自由主義批判、賃金労働批判、商品・貨幣論の紹介を通じて、人間の解放を求めたマルクス思想の核心に迫ることを目指している。

最後の二つの章は、現代の社会理論が満たすべき条件を考察したものだ。社会理論は哲学なのか科学なのか。その対象は個人なのか、社会なのか。何らかの実体なのか、それとも関係なのか。第六章ではこうした社会理論の方法論をめぐる問題を、マルクスを含む三人の哲学者の挑戦と模索と苦闘を振り返ることで考察している。第七章では社会理論の土台となる人間理解を深めるために、現代の進化論的認識論の成果を借りて人間の「類的本質」について考察し、二十一世紀の社会理論に与えられた課題と目指すべき方向とを提案している。

マルクスは刻々と変化する現実をいつも注意深く観察しながら、自らの立てた仮説を繰り返し検証し、修正し、再構築してきた。マルクスの精神に忠実であろうとするなら、私たちもまた、マルクスの著作を現代の歴史段階と照らし合わせて批判的に読む必要がある。マルクスがもし現代に生きていたなら、百五十年前の著作を無謬《むびゅう》の経典のごとく扱うような態度をけっして許容しなかっただろう。

全体の議論はマルクスをまだ一度も読んだことのない読者を念頭において進めていきたい。本書をきっかけに多くの読者がマルクスの著作に関心を持たれることを願いつつ。

註

＊1　発売翌週の英紙《ガーディアン》二〇一五年三月五日付記事による。

＊2　《Der Spiegel》44/2008, 27.10.2008より。

＊3　Wolfgang Streeck, *Gekaufte Zeit: Die vertagte Krise des demokratischen Kapitalismus.* (Frankfurter Adono-Vorlesungen 2012), 4. Aufl. Berlin (Suhrkamp) 2013.（筆者の訳で二〇一六年刊行予定。）ドイツ語の原タイトルは『買われた時間――民主主義的資本主義の先送りされた危機』。

＊4　トマ・ピケティ『21世紀の資本』山形浩生・守岡桜・森本正史訳、みすず書房、二〇一四年。

目次

第四章　自由主義批判と疎外論　119

校　閲　大河原晶子
ＤＴＰ　濱井信作（コンポーズ）

第一章
マルクスはいかに受容されてきたか──四つの断面

一　『資本論』刊行当時──史的唯物論と科学的社会主義

期待はずれの反応

一八六七年の『資本論』刊行直後、社会の反応はけっして著者カール・マルクス（一八一八―八三）の期待に沿ったものではなかった。はやる気持ちでマルクスは大手新聞の書評を待ち望んだ。でもそれはなかなか現れなかった。しびれをきらしたマルクスは、自著の最良の理解者である親友フリードリヒ・エンゲルス（一八二〇―九五）に愚痴《ぐち》をこぼしている。これを受けてエンゲルスは友人の労作をあらためて精読し、七編の書評をドイツの新聞に送った。これが『資本論』受容史の最初の一歩となる。

それにしても、なぜあれほどの著作がただちにセンセーションを巻き起こさなかったのか。そこにはいろいろな理由があっただろう。この本の分厚さ、学術的スタイル、扱っているテーマの大きさ、複雑さ、特に冒頭部分の記述の難しさなどが読者に尻込《しりご》みをさせた可能性は大いにある。

加えて無視できないのは、この作品がドイツ語で書かれていたという事実だ。この本は亡命地のロンドンで執筆され、資料としてイギリスの議会報告書や白書がふんだんに使われている。だから、実例として引かれているのも主に十九世紀イギリス工業社会の現実だ。また経済学の前提や方法から見れば、マルクスはアダム・スミス（一七二三―九〇）、デヴィッド・リカード（一七七二―一八二三）、ジェームズ・ミル（一七七三―一八三六）とジョン・スチュアート・ミル（一八〇六―七三）の親子など、イギリス古典派経済学の批判者継承者ともみなしうる位置にいた。こうしたことを考えあわせると、イギリスではもっと読まれてもよいはずの著作だった。しかし、いかんせんドイツ語で『資本論』を読める層は限られている。しかも英訳版が出版されたのはそれから二十年後、マルクスの死後のことだった。もっとも、イギリスで広く読まれるには、いささかヘーゲル哲学風の晦渋《かいじゅう》な論理や言い回しが混入しすぎていたきらいはある。

ならばドイツ語圏ではどうか。プロイセンは世界に先駆けて労働者組織が政治的影響力を持った国だ。労働運動の強力な理論的支柱となるドイツ語の著作は切に望まれていた。ところがここでも、一つの歴史変化が『資本論』の前に立ちはだかった。それは労働運動における「理論」と

「実践」の乖離《かいり》だった。

マルクスが「理論」の精緻《せいち》化を目指して大英博物館図書室で日々格闘していた二十年間、労働運動の「実践」の方は『資本論』の完成を待つことなく、すでに独自の発展を遂げていた。かつてマルクス／エンゲルスの『共産党宣言』（一八四八）を綱領に掲げて活動した共産主義者同盟は、まだ亡命ドイツ人を中心とする国際的秘密結社だった。しかし、その二十年後に『資本論』が刊行されたとき、プロイセンの労働者組織は、もはや体制転覆を目論《もくろ》む秘密結社ではなかった。それどころか、ビスマルク体制を補完する野党勢力へと成長を遂げつつあった。

その成長の足場を築いたのは、『資本論』刊行の四年前、一八六三年に「全ドイツ労働者同盟」を発足させたフェルディナント・ラサール（一八二五―六四）だった。ラサールは、この同盟の設立準備委員会議長の依頼に応えて『公開答弁書』（一八六三）と題する冊子を刊行し、これが同盟の綱領となった。

ビスマルクとラサール

ところで、ラサールの全ドイツ労働者同盟が結成された前年の一八六二年、プロイセンではユンカー（地主貴族）出身の保守政治家ビスマルク（一八一五―九八）が宰相《さいしょう》に就任している。当時のドイツはまだ、三十五の領邦と四つの自由都市からなる緩やかな国家連合体でしかなかった。これを強力な統一国家にまとめることは、ドイツ諸国の最大の政治課題だった。その際、争点となったのは、オーストリアを含む全ドイツ国家の統一(大ドイツ主義)を目指すか、それともオーストリアを除外したプロイセン中心の統一(小ドイツ主義)を目指すかという選択肢だった。

就任早々ビスマルクは小ドイツ主義的統一を実現するために、軍備拡張予算を可決するよう議会に迫った。プロイセンの目下の問題は演説や多数決によってではなく「鉄と血」によってのみ解決できる。こんな言葉で演説を締めくくった「鉄血宰相」の軍備拡張と軍制改革に、議会で多数派を占める自由主義派のドイツ進歩党は憲法上の予算権を盾に抵抗した。こうしてビスマルクと自由主義勢力の間で、国王と議会の権限をめぐる激しい憲法闘争が展開される。

ここで老獪《ろうかい》な政治家ビスマルクが目論んだのが、労働者階級の懐柔《かいじゅう》だった。ビスマルクはラサールに接近し、ラサールもまたそれを普通選挙法実現の好機と捉え、一定の協力姿勢を見せた。ブルジョワ層に支持された進歩党は労働者の待遇改善に熱心ではなかった。自由主義を掲げる進歩党は経済活動への国家関与を嫌っていた。ジョン・ロック(一六三二—一七〇四)にまでさかのぼるこうした自由主義的な国家観を、ラサールは夜警《やけい》国家と呼んで批判していた。もちろんビスマルクにとっても夜警国家などは論外だった。

こうしてブルジョワ自由主義者を挟み撃ちにする形で、保守主義者ビスマルクと社会主義者ラサールが手を組んだ。それは連帯というより同床異夢の野合《やごう》に見えた。しかし、二人を結びつけていたものは、もっと本質的なものだった。それは保守主義者であれ、社会主義者であれ、「国家」を社会的調整機能の最高形式とみなす、ドイツに特徴的な政治哲学だった。

この政治哲学の要諦は国家主導の改良主義にある。国家は単なる市場ルールの監視役ではない。国家はむしろ市場における利己心のぶつかり合いを一段高い場所から宥和《ゆうわ》する倫理的命令者でなければならない。こうした国家は市場への積極的介入を目指す。政治の正当性は国家を縛る形式法によってではなく、むしろ歴史的・社会的に形成された共同体原理によって満たされる。これがドイツ政治哲学の基調だった。そこには、ブルジョワ革命を経験せず、身分制秩序と官僚制度に頼って近代化を成し遂げた後発国の特徴が見てとれる。

その国家観は経済学にも浸透していた。ドイツでは、イギリス経済学が取り組んできた市場法則の解明よりも、国や地域の特殊性や歴史的条件を重視する歴史学派が重きをなした。国家の役割は交易の形式的自由を保障することではなく、国情に見合った保護関税を課し、職能団体による賃金や労働時間の調整を促すことにある。国家は適切な介入によって経済的不均衡を是正《ぜせい》することができ、市場経済と国民国家は相互補完的に機能しうる。ドイツではこうした考え方が、保守主義者のみならず社会主義者の間でも一定の支持を得た。その立場から見れば、『資本論』の議論はむしろスミスやリカードの古典派経済学に近かった。『資本論』はイギリスではいかにもドイツ哲学風に感じられたかもしれないが、ドイツではいかにもイギリス経済学風に感じられたことだろう。

ちなみにラサールは全ドイツ労働者同盟の結成後まもなく、若くして決闘に斃《たお》れてしまう。しかし彼の死後も同盟は、ラサールの親ビスマルク路線を継承し、やがてこれが深刻な内部対立を生み出すことになる。そもそも労働運動の目標は、体制内での労働者の地位向上にあるのか、それとも体制そのものの変革にあるのか。その後、長い間にわたって労働運動を引き裂くことになるこの問いは、このときすでに表面化しつつあった。結局、マルクスやエンゲルスに近いアウグスト・ベーベル（一八四〇―一九一三）とヴィルヘルム・リープクネヒト（一八二六―一九〇〇）は『資本論』刊行二年後の一八六九年にアイゼナハで新たに社会民主労働者党を結成し、ここにドイツ労働運動はラサール派とアイゼナハ派に分裂する。これが『資本論』刊行直後の労働運動の現状だった。理論と実践をめぐる社会主義者たちのこの内部対立が、『資本論』の本格的受容を妨げる一因となった可能性は否定できない。

エンゲルスの『反デューリング論』

もし民族共同体としての国家が資本主義に対する優位性を保ち得て、政治による経済の制御が可能であるとすれば、『資本論』の主張は根底から揺らぐだろう。そうなれば、労働運動の「実践」は、マルクスの「理論」など頼りにしなくても十分にやっていけるはずだ。労働運動の指導者たちが長年待ちこがれていたマルクスの大著は、パーティに遅れてやって来た客のように冷たくあしらわれるだろう。だから『資本論』の著者と同志エンゲルスは、実践と理論の両面で新たな闘いに乗り出す必要があった。

実践面では、体制側の懐柔策が労働者に真の解放をもたらすことはないということを立証し、労働運動の内部分裂を阻止しなければならなかった。理論面では「経済に対する政治や文化の優位性」を説く見解を論破し、社会主義理論の内部分裂を食い止めなければならなかった。政治や文化を規定している物質的基礎から目をそらし、自由、平等、友愛といった近代ブルジョワジーの神話を称揚《しょうよう》することは、マルクスやエンゲルスから見れば、かつての空想的社会主義の焼き直しにすぎなかった。しかもそんな見解が、ベルリンで活躍するオイゲン・デューリング（一八三三―一九二一）という一人の論客を通じて、社会主義運動の中にもじわりと支持者を広げていた。本格的な理論闘争が急がれた。

実践と理論の両面での闘争の機会は、『資本論』刊行の十年後に、ようやく手を携《たずさ》えてやって来た。それが遅ればせながら『資本論』の本格的受容史の開始点となる。

第一の実践面では、普仏《ふふつ》戦争（一八七〇―七一）とドイツ帝国の樹立（一八七一）によって労働運動を取り巻く状況が一変した。もともと労働者組織が分裂した一因は、ドイツ統一をめぐる党内対立にあった。ラサール派はプロイセンを盟主とする小ドイツ主義を掲げ、アイゼナハ派は全ドイツ諸国を取り込む大ドイツ主義を支持していた。しかしプロイセンの勝利によって、この内部論争には外から終止符が打たれた。しかも両派はともに新政府の締め付けをくらった。結局一八七五年、ゴータで開かれた大会で両派は再統一し、新しく発足した「ドイツ社会主義労働者党」に合流する。

このとき採択されたゴータ綱領はマルクスによって手厳しく批判されたが、七七年の選挙では同党が大きく得票率を伸ばした。しかし、それに危機感を抱いたビスマルクは一八七八年、皇帝狙撃事件を口実に社会主義者鎮圧法を制定し、党の公式活動を禁止してしまう。社会主義者は「祖国なき輩《やから》」として社会的にも迫害され、多くの活動家が国外に逃れた。社会主義者など、ビスマルクにとっては所詮《しょせん》ゲームを有利に進めるための盤上の駒にすぎなかった。社会政策による懐柔と並行して、邪魔な駒は取り除くに若《し》くはない。こうして現実政治は徐々に『資本論』の想定に沿って動き始めた。

第二の理論面でも、闘争の好機がやって来た。当時、経済に対する政治の優位性を主張して、社会主義者の間にも人気があった花形論客はベルリン大学の私講師デューリングだった。もともと法律家としてベルリンで活動していたこの人物は視力喪失のために職を続けられなくなり、経済学、哲学、物理学、倫理学、文学などを学んで学者に転じた。やがて哲学と経済学で大学の教授資格を取得し、ベルリン大学で私講師の職を得た。オーギュスト・コント（一七九八―一八五七）の実証主義を信奉し、ヴォルテール（一六九四―一七七八）やルートヴィヒ・フォイエルバッハ（一八〇四―七二）の宗教批判に共鳴していた彼は、経済学では歴史学派のフリードリヒ・リスト（一七八九―一八四六）の国民経済学を評価し、ヘーゲルやマルクスの観念性を批判していた。デューリングは人類の自然的発展としての民族性を重視し、後年はドイツにおける反ユダヤ主義の先駆的理論家となっていく。精力的な著述家であった彼は国民経済学や哲学についての著作を矢継ぎ早に発表するかたわら、弁舌家としても名を馳《は》せた。社会主義者の間では、ナショナリズムと矛盾しない社会主義の理論家として人気を博した。

彼の影響力に危機感を抱いたリープクネヒトの依頼に応えて、エンゲルスはこのデューリングに本格的な理論闘争を挑《いど》むことになる。その文書『反デューリング論』（一八七七―七八）は、社会発展の基礎である物質的条件を認識していないとして、デューリングの夢想を鋭く批判した。最初、党の機関紙《フォアヴェルツ》に掲載されたこの論文は後に本の形で刊行され、まもなくそのダイジェスト版のフランス語訳が『空想的社会主義と科学的社会主義』（一八八〇）と題して出版された。この小冊子はその後十年余りの間に十カ国語以上に翻訳され、マルクス主義文献の中でも、もっともよく読まれた本の一つとなった。日本でも『空想から科学へ』というタイトルでよく知られている。

『反デューリング論』の成功によって党内でのデューリング人気は急速に衰えていく。しかし、エンゲルスの貢献は、もともと凡庸《ぼんよう》なデューリング理論の仮面を剝《は》ぎ取ったことだけではなかった。『反デューリング論』の意義はむしろマルクスの資本主義分析を世界史の法則として体系的に解釈したところにあった。法則であれば科学的に記述できるはずだ。資本主義的生産様式は生産力を飛躍的に拡大し、やがて自らが拠って立つ生産関係を廃棄せざるを得なくなる。この一般法則は国境を越え、文化や歴史の特殊性を押し流しながら歴史を貫徹していくだろう。この生産様式を土台にする限り、国家は資本の随伴者《ずいはん》以上の役割を果たすことはできない。このように予見したエンゲルスは、マルクスの資本主義分析と経済学批判を「史的唯物論」と「科学的社会主義」の体系へと練り上げた。

これは、エンゲルスによるマルクスの歪曲《わいきょく》だったのか。これについては意見が分かれるだろう。しかし、このエンゲルスの解釈が、その後のマルクス受容史に消し難い一つのフィルターをかけたことは疑い得ない。

エンゲルスの跡を継いで『資本論』の普及に多大な貢献を果たしたのは、次世代のカール・カウツキー（一八五四―一九三八）だった。カウツキーは二十代で晩年のマルクス、エンゲルスと知り合い、マルクスの死後はロンドンに滞在して、判読困難なマルクスの筆跡の解読法をエンゲルス直伝《じきでん》で習得した。このカウツキーもまた『反デューリング論』を高く評価した一人だった。カウツキーが一八八七年に発表した著作『マルクスの経済学説』は資本論第一巻の解説書として、その後、多くの読者を獲得することになる。

こうしてマルクス受容史の最初のページはエンゲルス＝カウツキーによる史的唯物論と科学的社会主義によって飾られた。これが第一次世界大戦にいたるまで、ドイツ社会民主党と第二インターナショナル*1の活動を通じて、労働運動に理論と希望を提供することになる。

二　刊行から五十年——東のマルクス主義と西のマルクス主義

ロシア革命の勃発

次に、『資本論』初版刊行から五十年後に目を移そう。

初版刊行後、半世紀を経た一九一七年、第一次世界大戦末期のロシアでレーニン（一八七〇—一九二四）率いるボリシェヴィキが革命に成功する。ここでマルクス受容史は大きな転換点を迎えた。レーニンの跡を継いだスターリン（一八七九—一九五三）はマルクス＝レーニン主義を新国家のイデオロギーに祭り上げ、正統派マルクス主義の中心地は西から東へと移動した。

その一方で、内部矛盾をためこんでいたはずの発達した資本主義国では、エンゲルス＝カウツキーの理論予測に反して革命はことごとく失敗に終わった。以後、西側の労働運動はモスクワの指導をあおぐ国際共産主義路線と、体制内野党としての勢力拡大を目指す社会民主主義路線の間で引き裂かれていく。

この歴史的転換の中でいずれの路線にも希望を見出せなかった西側の左派知識人たちは、それぞれにマルクス解釈の新しい可能性を切り開いていった。後に西欧マルクス主義と総称されるようになるこの試みは、その主張、方法、関心対象とも多岐《たき》にわたる。しかし、そこにある程度共通して見られるのは、エンゲルス＝カウツキーの経済決定論や科学的社会主義から距離をとり、主体の意識や実践的能力を重視しようとする傾向だった。それはマルクスに対するヘーゲルの影響の再評価でもあった。奇《く》しくも同じ一九二三年に、こうした転換を告げる二冊の著書、ジェルジ・ルカーチ（一八八五―一九七一）の『歴史と階級意識』とカール・コルシュ（一八八六―一九六一）の『マルクス主義と哲学』が刊行される。また同じ年に、後のフランクフルト学派（ホルクハイマー、アドルノ、ポロック、マルクーゼ他）の母体となる社会研究所もフランクフルト大学に付設されている。今日ではこの年が西欧マルクス主義の象徴的出発点とみなされている。

資本主義が発達した西欧諸国で、なぜ革命が失敗したのか。西欧マルクス主義の出発点となったこの問いは、エンゲルス＝カウツキーの科学的社会主義が直視してこなかった一つの事実に目を向けさせた。それは、発達した資本主義のもとでは、格差や貧困の拡大といった経済的ひずみだけでは、労働者が革命に目覚めることはないという事実だ。不均衡拡大を内側から制御できない資本主義は、放置しておいてもいつかは階級闘争を激化させ、自己崩壊する。これが第二インターの公式教義だった。だとすれば労働運動の指導者は注意深く恐慌《きょうこう》の到来を待ち、経済破綻《はたん》をタイミングよく捉えて政治権力を奪取すればよいことになる。ここに見られるのは、経済破綻が労働者を自動的に目覚めさせ、革命へと駆り立てるという経済一元論的な発想だ。いわば経済が政治を決定し、現実が意識を決定し、客観的条件が主観的条件を決定するという考え方だ。

ルカーチのエンゲルス批判

ルカーチの『歴史と階級意識』はこうした考え方に異論を唱えた。エンゲルス＝カウツキーによって展開された科学的マルクス主義の本質は、歴史の原動力が人間の意識から独立しているという認識にある。しかし、もしそうであれば、そのような状態こそ、私たちが生産過程の囚人であることを物語っている、とルカーチは批判した。

歴史を「社会学的」に、合法則的に観察したり、形式主義的・合理的に観察したりする仕方のなかにこそ、ブルジョア社会の人間が生産諸力の手にゆだねられているということがあらわれている。*2

ルカーチは「たしかに経済的発展のさまざまな段階が意識に反映するということは、重大な意義をもつ歴史的事実であるにちがいない*3」と認める。しかし、とルカーチは続ける。「その意識は虚偽の意識である」と。

マルクスにとって資本とは「一つの事物ではなくて、諸事物によって媒介《ばいかい》された人格相互の社会的関係である*4」とルカーチは主張した。ただしマルクスはその社会的関係が、資本主義のもとではあたかも物と物との関係のように現れてくることに気づいていた。それをルカーチは「物象化《ぶっしょうか》」という言葉で呼ぶ。だからマルクスは、人間関係を経済関係に還元したのではなく、むしろ逆に「経済的・社会的な生活の物象化した対象性の全体を、人間相互の関係の中に解消させた」[*5]のだとルカーチは論じた。

したがって、もし第二インターの公式教義のように、歴史発展が科学的に、いわば自然現象と同じような方法で記述できるとするならば、それはとりもなおさず、社会関係が物象化していることの証拠だ。それは、歴史が資本主義的生産過程に全面的に取り込まれていることの現れなのだ、とルカーチは言う。目指すべきは、こうした必然性に歴史や革命を委《ゆだ》ねてしまうことではない。むしろ主体の実践を通じて、人間の主観性と歴史の客観性の間に相互媒介と弁証法的関係を回復することだ。こう主張することで、ルカーチは、『反デューリング論』のエンゲルスと『資本論』のマルクスとの間に理論的な一線を引いた最初のマルクス主義哲学者となった。

そしてマルクスをエンゲルスと切り離す作業と並行して、マルクスの中にあるむしろヘーゲル的な要素、すなわち主観と客観の弁証法的関係に、ルカーチは目を向けるようになる。エンゲルスの科学的社会主義には、社会史を自然史に類似したものとして記述する拭《ぬぐ》いがたい傾向があった。そこには社会史における物質的過程を特権化する、別種の観念論が潜んでいた。この科学主義に潜む観念論を、ルカーチはマルクスが継承したヘーゲルの遺産によって切り崩そうとした。

こうして歴史における主体性や実践の強調は、西欧マルクス主義の主要な傾向の一つとなった。

だからこそ、ルカーチやアントニオ・グラムシ（一八九一―一九三七）などは、彼らの目には「客観的条件に逆らって」成就したと見えたロシア革命を、少なくとも当初は評価していた。歴史の必然性の認識ではなく、歴史の必然性からの解放こそが体制変革の動機でなければならないと考えたからだ。しかも、一九三〇年代になってはじめて、二十代半ばのマルクスのパリ時代の手稿《しゅこう》（『経済学・哲学草稿』）が出版されることになり、こうしたマルクス理解がけっして的はずれなものではなかったことが立証されるにいたった。

フランクフルト学派のマルクス受容

西欧マルクス主義を代表するフランクフルト学派の知識人たちもまた、資本主義の能力が単に巨大資本を作り出し、搾取《さくしゅ》と貧困を拡大する経済的強制力に尽きるものではないことを見抜いていた。資本主義が経済的格差を必然的に生み出すからといって、その格差が当事者によって必然的に経済的カテゴリーで捉えられるわけではない。

実のところ第二インターのマルクス主義者も、ソ連のマルクス＝レーニン主義者も、経験的にはこの事実を知っていた。貧困は自動的に階級意識に転じることはない。だからこそプロレタリアート（無産階級、賃金労働者）には、前衛的知識人が階級意識を「外部注入」しなければならないと、彼らは主張していた。この発想においては敵対しあうカウツキーもレーニンも変わりはない。彼らの活動もまた理論と実践の根深い乖離に脅《おびや》かされていた。ただ彼らは、それが自らの理論の重大な欠陥を示唆《しさ》しているという事実に目をつぶった。

発達した資本主義には、搾取と貧困を拡大する強制力と並んで、もう一つ、この強制力を変形し、隠蔽《いんぺい》し、吸収し、抑圧し、搾取されている当の人間の意識からも巧みに遠ざけておく不気味な能力が備わっている。文化産業が持つこうした同化作用、すなわち、メディアが提供するさまざまなイメージを消費させる中で、それを支えているシステム全体に人間の感性を同一化させていく力にフランクフルト学派は早くから注目していた。しかもこの同化作用は外部からの強制のみならず、内発的な欲求にも支えられている。最低生活を余儀《よぎ》なくされている賃金労働者が、なぜ自ら進んで権威に服従しようとするのか。貧困を強《し》いられている人間が、なぜ抵抗や連帯ではなく、大衆文化が与えてくれる慰《なぐさ》めに満足を求めるのか。搾取されている人間が、なぜ搾取している人間に怒りではなく、憧《あこが》れをいだくのか。少数の富裕者と多数の貧困者との格差が広がっているのに、なぜその格差を拡大する政策に多数が賛成するのか。現代にも通じるこの根本問題に、古典的なマルクス主義は的確に答えることができなかった。

フランクフルト社会研究所のマックス・ホルクハイマー（一八九五―一九七三）、エーリッヒ・フロム（一九〇〇―八〇）、ヘルベルト・マルクーゼ（一八九八―一九七九）、テオドール・アドルノ（一九〇三―六九）たちは早くからこうした問題に気づき、その解明に挑戦していた。その試みの一つが、マルクスの社会理論とフロイトの精神分析学を結びつけるプロジェクトだった。

もう一つ、フランクフルト学派が問題視したのは、エンゲルス＝カウツキーの理論が依拠《いきょ》していた実証科学のイデオロギーだった。

エンゲルスは自然法則の認識が人間に自由を与えると主張していた。

自由とは、自然法則からの自立性という夢想のうちにあるのではなく、自然法則の認識と、その認識によって与えられる可能性のうちに、すなわち自然法則を特定の目的のために計画的に利用していく可能性のうちにある。*6

エンゲルスがここで主張している自由とは、自然を「特定の目的のために計画的に利用していく」自由だ。では「特定の目的」とは誰の目的なのか。自然法則を「計画的に」利用するのは誰なのか。それは自然の外に立ち、自然を手段として、自らの目的に仕えさせようとする操作主体としての人間だ。

エンゲルスは、一方では主体は客体の産物だと主張していた。しかし、他方では暗黙のうちに、自然の外に立つ超越的な主体を想定していた。しかしここで操作対象となっている「自然」は、容易に「人間」にまで拡張されるだろう。社会法則の認識が、「特定の目的」のために他の「人間集団」を「計画的に利用していく手段」にならないと誰が言えるだろうか。むしろそれは必然的な帰結ではないか。

このように、実証科学が想定していた主体と客体の分離には、自然や社会を外から自由に操作しようとする主体の支配欲が隠されていた。このことは、すでにニーチェ（一八四四—一九〇〇）が鋭く暴き出し、ハイデガー（一八八九—一九七六）がソクラテス以後のヨーロッパ形而上学の宿痾《しゅくあ》として批判していた。ホルクハイマーやアドルノもまた、こうした理性のあり方を「道具的理性」と呼んで批判した。求められるのはむしろ、人間と社会と自然とを相互に関連しあう総体として理解する批判的理性だった。このように理解された相互連関の体系を、フランクフルト学派の知識人たちはしばしば「全体性」という概念で表現していた。そして個々の現象を全体性から切り離し、細分化された個別科学の対象として観察しようとする実証主義の方法につねに疑いの目を向けた。

こうしてホルクハイマー、アドルノ、フロム、マルクーゼ、ヴァルター・ベンヤミン（一八九二—一九四〇）など、フランクフルト学派と総称される知識人たちは、マルクスとフロイトをつなぐユニークな社会哲学研究、文化産業批判、批判理論と総称される近代理性批判、経験科学と哲学を結び合わせる学際的な社会理論などを作り上げていく。しかし彼らの多くはユダヤ系の知識人であったため、一九三〇年代になるとナチ政権によって迫害され、あるいは亡命を余儀なくされた。その仕事の全体像と影響が明確な姿をとって現れてくるには、彼らの戦後西ドイツへの帰還まで、なおしばらくの時が必要だった。

三　刊行から百年――政治・社会・文化の分析

世界的な学生反乱

ここで、『資本論』初版刊行から百年後に目を移そう。

ロシア革命からさらに半世紀を経た一九六〇年代後半、西側先進国はマルクスの予測とはまったく異なる発展を遂げていた。労働者が生産し資本家が搾取する剰余《じょうよ》価値は、生存ラインを大きく超えて労働者に分配されることはない。自己増殖を目的とするこの資本の運動を、ブルジョワ階級の随伴者にすぎない国家は抑制できない。こんなふうに古典的マルクス主義は教えてきた。

ところが当時の西側社会で進行していたのは、労働者階級の絶対的窮乏《きゅうぼう》化でもなければ、恐慌を引き金とした階級闘争の激化でもなかった。観察されたのは、むしろ中間層の拡大と平均的生活水準の飛躍的向上だった。労使間の賃金合意と福祉国家による再分配政策は、賃金労働者から革命的な階級意識を拭い去る程度には機能していた。その一方で、東側の共産国が抑圧的な官僚国家に堕《だ》していることは、西側でも十分に感じとられた。やがてそれはワルシャワ条約機構軍のチェコ侵攻（一九六八）によって立証されることになる。左派のもう一つのオプションであった社会民主主義も、次第に利益団体間の協調主義的妥協以上のものには見えなくなっていた。

こうした状況下で一九六八年、フランスの五月革命を皮切りに、学生反乱が先進国の大学キャンパスに燎原《りょうげん》の火のように広がっていく。

当時の資本主義は現在のグローバル資本主義よりもはるかに飼いならされていた。景気循環の波はあったが、それも今から振り返って見れば、危機とは呼べない程度のものだった。それなのに、なぜあれほど大きな不満が若者たちの内側に鬱積《うっせき》していたのか。学生たちの怒りは本当のところ何に向けられていたのか。それをひとことで要約するのは難しい。掲げられたスローガンは大学の民主化要求からベトナム反戦、帝国主義化した資本主義への批判から植民地解放運動への連帯表明まで多岐にわたっていた。アメリカの非道な戦争や人種差別、共産圏の人権抑圧などへの義憤も彼らを動かしていた。しかし同時にその抗議運動の底には、若者たちの自由な自己決定に干渉する二つの圧力への根強い反発が潜んでいた。

第一は、家族、地域、学校、会社を含めたあらゆる組織に残存する家父長《かふちょう》的権威主義の圧力だ。それゆえ当時の学生運動は、教授権力に反発する大学民主化闘争であっただけではなく、親世代の男女の役割分業や性道徳、服装や髪型や音楽をも含めた趣味と生活スタイル全般に反旗を翻《ひるがえ》す大規模な世代間闘争の外観を呈《てい》していた。

第二は、大衆の生活世界に浸透する資本主義経済の圧力だ。経済成長が続き、平均的生活水準が向上すれば進学競争への参入者も増大する。特に戦後ベビーブームに生まれた当時の学生たちは子供の時から多かれ少なかれ内発的動機を欠いた競争に駆り立てられてきた。目前の競争の成果は、それが終わるたびに次の競争への入場券にすぎないことが判明した。約束された達成感はこうして蜃気楼《しんきろう》のように未来へ未来へと逃れていく。高等教育はその教養主義的自己理解とは裏腹に、すでにテクノクラートのマスプロダクション工場と化していた。競争の果てに、卒業生たちは代替可能な一部品として資本主義社会に納入されていく。生の空疎化と価値の平板化は、すでに生活の隅々にまで染み込んでいた。

若者たちに同化と順応を迫るこの二種類の圧力は一見すると相反する方向から発しているように見える。資本主義社会がもたらす価値の平板化には、エリート主義的な教授たちも大いに眉を顰《ひそ》めていたからだ。しかし抗議運動の過程でますます明らかになっていったのは、既存の体制がこうした伝統的要素と近代的要素の相互補完的な癒着《ゆちゃく》によって支えられているという事実だった。日本で言えば、古色蒼然《こしょくそうぜん》とした象牙《ぞうげ》の塔の中心であると同時に、国家官僚と主要産業への独占的人材供給源でもあった東京大学の安田《やすだ》講堂*7ほど、この二つの要素の癒着を象徴的に体現しているシンボルはなかった。しかし、この構造は他の先進諸国でも似たり寄ったりだった。

したがって、この癒着構造を批判する学生たちは、一方では権威に守られた旧来の市民的内面文化を批判しながら、他方では主体性を抹殺《まっさつ》するものとして、資本主義的技術文明に批判の目を向けるという細い尾根道を進まねばならなかった。

西欧マルクス主義の資本主義批判

その中でふたたび資本主義のラディカルな批判者マルクスへの関心が高まっていく。ただし、その主役はかつてエンゲルス＝カウツキーによって解釈された古いマルクスではなかった。それはむしろ西欧マルクス主義によって発掘された新たなマルクスだった。たとえば『経済学・哲学草稿』と呼ばれる青年マルクスのパリ手稿があらためて見直された。そこにはたとえば、意識的な生命活動によってのみ人間は「類的存在《ガットゥングスヴェーゼン》」となると書かれていた。類的存在とは青年マルクスが好んだ表現で、個人と共同体が調和を保っている人間本来のあり方を指している。しかし生産手段の所有者と労働の提供者が分離していくと、労働やその生産物がこの類的存在から乖離していく。そして人間が労働によって生み出したものが、疎遠な支配力として個人に立ち向かってくる。この現象をマルクスは「疎外《エントフレムドゥング》」と呼んだ。かつての西洋マルクス主義が注目したマルクスの中のヘーゲル的要素が、こうして学生反乱の時期に初期ルカーチや後期マルクーゼなどの著作を通じて再発見された。

今から振り返ると、戦後資本主義がもっとも成功しているように見えた時代に、なぜ学生たちがあれほどまでに資本主義を批判しなければならなかったのか不思議に思えてくる。しかし、資本主義がもたらす問題は経済問題に尽きることはない。失業問題は経済問題であると同時に政治問題であり、社会問題であると同時に文化問題でもある。経済の視点からは、たとえば資本主義がシステムとしての合理性や持続可能性を備えているかどうかが問われるだろう。資本主義がうまく機能するために必要な条件が、結果として資本主義の機能不全を引き起こす原因となるならば、資本主義はシステムとしての欠陥を抱えていることになる。恐慌論などが、この種の議論の一例と言えるだろう。

しかし政治の視点からは、たとえば資本主義が公平や正義の要求と両立しうるかが問われるだろう。もちろんその場合には、そもそも公平とは何かという哲学的議論も避けられない。能力差を考慮せずに報酬を均等配分するのは公平か、最終的な勝利者が賞金を全取りするルールが公平か、などについては種々の意見がありうる。これは資本主義自体が答えることのできない問題であり、規範的・政治的議論の対象となる。格差論や正義論などがこの種の議論の一例と言えるだろう。

あるいは社会の視点からは、たとえば資本主義が社会関係を絶えず物質的利害のもとに置く傾向が問われるだろう。そこでは共同体における人間と人間の関係が、市場における物と物の関係のように立ち現れてくる。疎外論や物象化論がこの種の議論の一例と言えるだろう。

そしてまた文化の視点からは、資本主義と人々の表現行為などの関係が問われるだろう。個人は言語をはじめ儀式や祝祭などさまざまな象徴形式を媒介にして共同体に参加し、その中で承認を受け、アイデンティティを形成していく。資本主義はこうした行為にもさまざまな影響を与える。芸術論や幸福論はこの種の議論の一例と言えるだろう。

こうした観点からあらためて一九六八年前後を振り返ってみると、総じて言えることは、この時代のマルクス受容が、経済システムとしての資本主義自体の分析から、資本主義に潜む政治的・社会的・文化的な作用の分析へと重心を移したということだ。この重心移動はその後、二つの帰結をもたらした。一つはマルクスの中に潜んでいた経済学以外の多様な理論的萌芽《ほうが》が再発見され、現代思想の諸分野で研究されていったことだ。中でも、第四章で取り上げるフェティシズム論などに光が当てられ、新しいマルクス読解の地平が開かれた。もう一つは、より重要なことだが、経済システムとしての資本主義がはらむ危うさが次第に記憶から失われていったことだ。

戦後復興から六〇年代末にかけては、国家によって組織された資本主義が歴史上、例外的な成功をおさめた時代だった。政府のマクロ経済政策による有効需要の創出、いわゆるケインズ主義的介入によって恐慌は未然に防がれ、完全雇用政策を通じて格差の拡大は比較的抑制された。中間層の富裕化と貧困の解消が、満点とはいかないまでも、ある程度達成された。これによって自由主義的資本主義は政治的に制御できるようになったと、フランクフルト学派の知識人でさえ信じた。しかし、この根拠なき想定が次の時代に重大な反省を迫られることになる。

四　刊行から百五十年——経済的内部矛盾の再認識

リーマン・ショック

こうしてついに『資本論』初版刊行から百五十年後の現在がやってくる。

あの学生反乱からさらに半世紀を経た今日、マルクスはふたたび異なる衣装をまとって人々の記憶に蘇りつつある。その大きなきっかけとなったのはリーマン・ショックとその後の世界金融危機だった。

二〇〇一年から〇六年頃まで、アメリカは住宅バブルに沸《わ》いた。それを背景にサブプライム・ローンと呼ばれる高利の低所得層向け住宅ローンの貸付残高が急増した。その債券は住宅ローン担保債券の形で証券化され、それがさらに債務担保証券の形で再証券化された。破格の報酬で大手投資銀行にヘッドハントされた知的エリートたちは、先端的な金融工学を駆使してこの種の証券の潜在リスクを分散し、不可視化する新技術を次々と開発していく。こうして三大格付け会社から高い格付けを得た証券は世界中の投資家にばらまかれ、投資銀行に未曽有《みぞう》の収益をもたらした。

しかし二〇〇七年夏以降、アメリカの住宅バブルが崩壊し始めると、この種の金融商品も一気に信用を失っていく。少々の毒でも水量豊富な川に放ってやれば、人々はその水を安全に飲み続けることができる。こう信じた金融エリートたちは、その噂《うわさ》を聞きつけた人が無害な水までも一斉に飲もうとしなくなることに想像が及ばなかったようだ。市場での投げ売りと金融機関の信用不安が連鎖的に拡大する中、ついに二〇〇八年九月十五日、アメリカの投資銀行リーマン・ブラザーズが史上最大の負債を抱えて破綻する。翌日、巨大保険会社ＡＩＧは連邦準備制度から八百五十億ドルの融資を受け、かろうじて破綻を免《まぬが》れた。しかし、交換条件として政府が七九・九％の株式を取得することで事実上、国有化された。ちなみにＡＩＧはその翌年の三月、大量の住宅が競売《けいばい》にかけられているさなかに、日本円にして総額約百六十億円ものボーナスを四百人の社員に支給し、米国民と議会の憤激を買っている。

このリーマン・ショックはただちに世界に伝播《でんぱ》し、グローバルな信用収縮と株価暴落をもたらした。世界恐慌を回避するために、二〇〇九年四月、イギリスのブラウン首相の呼びかけでＧ20の首脳たちがロンドンに招かれた。思いかえせば一九八五年に円高誘導のための協調介入を決めたプラザ合意では、まだ米、英、仏、西独、日本のＧ５だけで世界の為替をコントロールすることができた。しかし今ではグローバル経済を主要五カ国だけで動かすことはできない。このＧ20金融サミットでは、各国が協調して巨額の財政出動を行うことを約束した。これによって当面の危機連鎖は抑え込まれたが、同時に銀行債務は国家債務に付け替えられた。国家債務の拡大は、当該国の国債価格を押し下げ、国債の市場利回りを押し上げる効果を持つ。それが現実となれば、その国は新規発行の国債利率を上げざるを得なくなり、国家債務はさらに拡大し、国債価格を低下させる。この悪循環を阻止するために政府が増税と歳出カットを組み合わせた緊縮策をとれば、今度は肝心の実体経済が冷え込んでいく。この悪夢はやがてギリシャの国家債務危機を通じて現実と化していく。

三つの複合危機

こうして二〇〇八年の危機は、三種類の複合危機として表面化した。第一は銀行危機。官民に対して過剰な信用を供与してきた銀行はバブル崩壊とともに大量の不良債権を抱えこんだ。第二は国家財政危機。銀行救済と景気の下支えのために各国は巨額の財政出動を余儀なくされた。第三は成長危機。景気低迷に加えて、増税と歳出削減による需要不足によって実体経済が冷え込んだ。

この三種類の危機は単独でも十分に深刻だが、さらに深刻なのは、一つの危機を根本的に解決しようとすると、他の危機をさらに悪化させる可能性が高いことだ。だからこの複合危機は容易に解決できない内部矛盾を抱え込んでいる。

いったん大銀行が経営危機に陥れば、銀行間に疑心暗鬼が生じ、銀行間での短期資金融資がストップする。これによって他の銀行の破綻リスクも急速に高まり、その危機を察知した預金者はいっせいに預金引き出しに走る可能性がある。こうした連鎖破綻を食い止めるためには、国が不良債権の引き受けと資本注入を行う一方で、預金保証によって預金者の不安を鎮《しず》める必要がある。

危機管理上は初期の段階で全銀行に対して一斉にこの三つの措置を実施するのがベストとされるが、それには巨額の税金投入と政治的リスクがともなう。かといって破綻のたびに中途半端な救済を個別に続けていれば、結果的には九〇年代の日本のように、さらに多くの税金と時間を無駄にすることになるだろう。こうして第一の銀行危機の解決策は第二の国家財政危機を悪化させる。

また、銀行危機が懸念《けねん》される場合、監督官庁は融資額に対する自己資本割合を高めるよう銀行を指導する。それを受けて銀行は信用供与を自制し、貸し渋りや貸し剝がしが生じる。これによって、受注も供給能力もあるのに、つなぎ融資が得られないため倒産の憂《う》き目を見る企業が出てくる。そうなればその企業の手形が不渡りになったり、そこからの部品提供が途絶《とだ》えたりすることで他の企業も道連れになる。こうして第一の銀行危機の解決策は実体経済の成長にブレーキをかけ、第三のマクロ経済危機を悪化させる。

第二の国家財政危機を解決するために、政府は消費税アップや教育、福祉、医療関係の予算カットに向かう。しかしそれは人々の購買力と消費意欲を減退させ、これが国内の需要不足を生み出す。こうして第二の危機の解決策は第三の危機を悪化させる。かといって第三の危機の解決策のために大胆な財政出動に向かえば、今度は国家財政が圧迫され、ふたたび第二の危機を悪化させる、等々。

ここに見られるのは、一つの部品を修理すれば全体の機能が回復するような種類の不具合ではなく、いわばシステム全体の機能不全と言える。そもそも、政府に対して規制緩和を求め、結果についてはは自己責任を問うべきだと主張して自由化を勝ち取ってきたのは、当の金融セクターだった。それが自己責任による巨額損失の補塡《ほてん》を政府に求めるのは筋が通らない。「潰《つぶ》すには大きすぎる（too big to fail）」という理由で、利益の私有化と損失の社会化を同時に要求するシステムは明らかに破綻している。

こうして人々は、三種類の連鎖危機の渦中であらためて一つの問いの前に立たされた。それは五十年前に一度は忘れ去られたあの問い、はたして資本主義は長期的に持続可能なのか、という問いだった。六八年世代が体制を批判していた時代、資本主義はマルクスの時代の自由主義的前期段階をとっくに卒業したと思われていた。テクノクラートによって管理された後期資本主義は労働者階級を懐柔し、恐慌を封じ込め、階級闘争を未然に防ぐためのさまざまな制度を整えた。だから当時の学生たちが疑っていたのは、資本主義の持続可能性ではなく、むしろその民主主義的な正当性だった。ところが半世紀後、人々はもう一度、資本主義経済は自らが生み出した危機を、本当に自らの力で解決できるのかと問い始めている。

こうしてふたたび、かつてこの問いに力強く「否《いな》」と答えたマルクスが記憶から呼び戻された。資本主義の内部矛盾は解決したという思い込みは大きな錯覚だった。種々の規制を逃れ、グローバル化した資本主義経済によって、世界はもう一度、大恐慌の瀬戸際にまで追い込まれた。そして今、私たちはマルクスの警告を十分に理解していたのかどうかを、あらためて自問せざるを得なくなっている。いったい、この半世紀の間、何が起こったのか。なぜいったんは飼いならされたはずの資本主義が、このように凶暴《きょうぼう》な破壊力を発揮するにいたったのか。『資本論』刊行百五十年後の今日、この問いがもう一度、私たちにつきつけられている。次章では、この問いに答えてみたい。

註

＊1　第一インターナショナルの後継組織として発足した、社会主義者の国際組織。フランス革命百周年の一八八九年に発足し、第一次世界大戦開戦によって解体した。第二インター。
＊2　ルカーチ『歴史と階級意識』城塚登・古田光訳、白水社、一九七五年、一〇四頁。
＊3　同、一〇五頁。
＊4　同、一〇四頁。
＊5　同前、強調は原文。
＊6　エンゲルス『反デューリング論』大内兵衛・細川嘉六監訳、大月書店（マルクス＝エンゲルス全集第二十巻）、一九六八年、一一八頁（訳文改変）。
＊7　学生運動の主要な担い手であった全共闘（全学共闘会議）を中心にした学生たちが一九六八年夏に東大安田講堂を占拠した。翌六九年一月十八日から十九日にかけて大学構内に機動隊が導入され、占拠は解除された。

第二章
現代資本主義の危機

一　戦後資本主義から新自由主義へ

七〇年代の危機

すでに一九六〇年代末には、あるいは遅くとも一九九〇年代始めの共産圏の経済的・政治的破綻の時点では、マルクス経済学の予測は覆《くつがえ》されたと、広く信じられていた。福祉国家のもとで労働者階級の絶対的窮乏化は回避された。ケインズ主義的介入によって恐慌は予防され、資本主義は制御可能であることが「立証」された。「資本の有機的構成の高度化」[*1]や「利潤率の傾向的低下」[*2]といったマルクス経済学の主要学説も、厳密な経済学的検証には耐えられそうもなかった。

プロレタリア革命のマルクスは、こうしていったんは疎外論のマルクスに席を譲ったかに見えた。それなのになぜ今、マルクスが資本主義経済の批判者としてもう一度呼び出されることになったのか。いったいこの半世紀の間に何が起こったのか。この問いに答えるにはもう一度、一九七〇年代初頭の時点にもどって、その後の資本主義の形態変化、いわゆる新自由主義《ネオリベラリズム》的転換について見ておく必要がある。

学生運動の高潮が急速に引いていった七〇年代初頭、戦後の西側経済は大きな転換点を迎える。七一年八月十五日、ニクソン米大統領は金ドル交換の一時停止を宣言し、戦後の世界経済の安定化機能を担ってきた国際通貨体制、いわゆるブレトンウッズ体制が解体した。そして七三年までには、日本円を含む主要国通貨が変動相場制へと移行した。

国際金融のトリレンマと呼ばれる理論予測によれば、「自由な資本移動」、「固定相場制」、「独立した金融政策」の三つのうち、同時に実現できるのは二つまでだとされる。だとすれば固定相場制の解除は、ブレトンウッズ体制下で制限されてきた「自由な資本移動」が原理的に可能になったことを意味する。事実ここで生み出された自由度は、その後の政策転換への大きな追い風となっていく。ただし、ドイツや日本などの輸出産業は、それ以後つねに自国の通貨高や為替変動のリスクに晒《さら》されることになった。

これに追い打ちをかけたのが、七三年十月に始まった第四次中東戦争だった。アラブ石油輸出国機構（ＯＡＰＥＣ）はいわゆる石油戦略を発動し、原油生産の段階的削減とイスラエル支持国への石油禁輸に踏みきった。資源価格はただちに高騰《こうとう》し、先進諸国の経済を直撃した。

冷戦下の戦後復興経済は、市場の自由と国家の計画を組み合わせたいわゆる混合経済体制をとってきた。公的セクターでの安定雇用、基幹産業に対する国の指導、労働組合との交渉による一律的な賃金合意、累進《るいしん》性の高い税制、不況時のケインズ主義的景気政策や完全雇用政策などがその一例だ。それは資本主義の制御と安定化に寄与する一方、民間企業の利潤追求には一定の社会的・制度的足かせを課してきた。七〇年代を通じて、そこにさらに為替変動リスクと資源価格の高騰が付け加わり、企業はコストインフレと利潤圧縮に苦しむようになる。

そうでなくても戦後資本主義は六〇年代末までには高度成長期を走り終え、安定雇用、賃上げ、労働条件の改善、社会保障の拡大などを継続的に維持するための成長原資は尽き始めていた。石油危機はそれに最後のトドメを刺した。それでもなお賃上げ闘争は続き、国の社会保障費は増大していった。それによって企業は投資を控え、インフレ率が上昇しても失業率は下落しない現象、いわゆるスタグフレーションが観察されるようになる。

新自由主義への転換

特に深刻だったのはイギリス経済だった。そしてこのイギリスを皮切りに、こうした現状への対抗運動が一九七〇年代末から開始された。具体的政策の中身や程度、時期などは国によって異なるが、目指す目標は共通していた。それは資本主義経済を戦後復興期の社会規制から解き放ち、もう一度、市場の競争原理に委ねることだった。官僚的・労使協調的な種々の慣行や規制を廃し、競争を通じて生産性を向上させ、同時に労働賃金を引き下げることで資本の収益率を高めること。この共通目標を実現するために、七九年に誕生した英サッチャー政権と、八一年に成立した米レーガン政権は、①市場を制限する種々の規制の緩和ないし撤廃、②市場競争を免れてきた公的セクターの縮小ないし民営化、③企業及び富裕層に対する減税措置を三本柱とした経済政策を断行していく。

今では新自由主義と総称されるこの政策パッケージは、あらためて振り返ってみると、その後の数十年間を通じて、自らの目標を驚くほど巧妙に達成した。解雇規制は緩和され、推進者たちの表現によれば雇用は「柔軟化」された。規制緩和は企業側の雇用リスクを軽減し、それによってむしろ雇用促進効果を発揮するというのが、新自由主義者たちの説明だった。

しかし、それは事実の半分しか説明していない。この政策が実効性を持つには、解雇規制の緩和と並んで「同一労働同一賃金」の原則が必要不可欠だ。正規雇用と非正規雇用の圧倒的賃金格差を維持しながら「雇用の柔軟化」を行えば、少数の中核労働力と多数の縁辺《えんぺん》労働力への二極分化が生じる。中核に残った労働者は、縁辺への転落を恐れて労働時間の延長と労働強化を受け入れる。縁辺に追いやられた労働者は雇用調整弁として労働予備軍を形成し、中核労働者の賃下げ圧力に加担する結果となる。これはかつて『資本論』が正確に予測していた現象だ。これに加えて、労働予備軍が市場競争から逃れる出口を塞《ふさ》ぐために、社会保障の切り詰めも同時に行われた。こうして失業率には現れないもう半分の問題、すなわち就業しながら労働者が貧困化し、疲弊していくワーキング・プア問題や過労死問題が深刻化していった。

もちろん規制緩和は労働市場にとどまらず、サービス市場や資本市場にも広がった。中でも宇宙の始まりのビッグ・バンに譬《たと》えられた金融セクターでの規制緩和と自由化の第一波は、第二次産業で西ドイツや日本に後《おく》れをとった英米に、新たな産業のフロンティアを切り開いた。それは、ブレトンウッズ体制の解体が予告していた資本移動の自由化と国際化の始まりだった。経済界は新分野での国際競争の圧力を、さらなる賃金カットと労働強化の口実として用いることができた。

新分野でのチャンスは広がっている。それを摑《つか》めるかどうかは、個人の意志と能力と努力にかかっている。そこから生じる格差は自己責任であり、国は国民を甘やかすことはしない。こうした趣旨の発言は当時のサッチャー語録の中に数多く発見できる。曰《いわ》く、自分はホームレスだから政府は自分に家を用意すべきだなどと言う人は、自分の問題を社会に転嫁している。社会とは誰のことか。そんなものは存在しない。存在するのは個人としての男と女、そして家族だけだ。曰く、自らを助ける民衆なしには、いかなる政府といえども何かをなすことはできない。曰く、労働組合こそが若者から仕事を奪っている。曰く、金持ちを貧乏にすることによって、貧乏人を金持ちにすることはできない、云々。

こうした競争に駆り立てられた人々は、安定雇用を享受する公務員の特権や非効率性への批判に声を合わせるようになる。これが民営化と公務員削減の追い風となった。公的セクターの民営化は、それまで中心的な役割を果たしてきた労働組合の組織力と団体交渉力を弱め、民間部門での組合の賃金決定力も削《そ》ぎ落とした。こうして本来連帯すべき人々が互いの足を引っ張り合った。

一方、法人税と最高税率の大胆な引き下げは資本家の投資意欲を掻《か》き立てた。こうして国の経済政策の軸は全体として、ケインズ的な介入主義からハイエク的な市場主義へと転換していった。そこでは国家による需要サイドの配分と支援よりも、市場による供給サイドの競争と淘汰《とうた》が重視された。

上からの階級闘争

この新自由主義的転換の効果はてきめんだった。種々のデータは、一九八〇年代以降、生産性の向上に対して労働賃金の伸びが低迷し、資本の収益率が急上昇したことを裏付けている。その程度は国によって異なるが、少なくとも傾向は共通している。アメリカの著名な労働市場研究者トーマス・コーチャンによれば、一九四七年から七九年まで、アメリカの労働者の生産性と実質賃金は歩調を合わせながら年率二％から三％の伸びを維持してきた。ところが一九八〇年から二〇一〇年までの期間、生産性は約八四％上昇したにもかかわらず、平均的な世帯所得は一〇％、時給は五％しか伸びなかったという。*3 この数字は、一九八〇年以降のアメリカの労働者が生産性向上に見合う報酬をほとんど受け取ってこなかったことを証言している。しかもその間に彼らの労働時間は延長され、労働密度は高まり、雇用の安定性は損なわれてきた。

これと好対照をなすのが富裕層の所得増加だ。ガイトナー米財務長官の顧問であったスティーヴン・ラトナーによれば、二〇一〇年度のアメリカの国民所得増加分は、その三七％が最上位〇・一％の懐《ふところ》に入ったという。クリントン時代には上位一％が総所得増加分の四五％を受け取っていた。これでも十分に大きな数字だが、それがジョージ・W・ブッシュ時代には六五％になり、今や九三％にまで達しているという。*4 その間にアメリカの平均的家計の純資産高は二十年前の一九九〇年のレベルに落ち込んだと《ニューヨークタイムズ》紙は伝えている。*5 それがリーマン・ショックで住宅・金融市場が崩壊した翌々年のアメリカの現状だった。

アメリカほど極端ではなくても、この傾向は大なり小なりほとんどの先進諸国で観察されてきた。もちろん日本も例外ではない。厚い中間層によって安定化した、格差の小さい経済大国。こんな日本の評判は既に過去のものとなった。G7諸国の近年のジニ係数比較では、日本が米英に継ぐ水準となっている。*6 非正規雇用率の増大、中核労働力と縁辺労働力の二極化、長時間労働と低賃金、結婚できぬ若者たち、貧しい住宅、年金カットや増税で貧困化する老人たち、シングルマザーたちの孤立と貧困化、学校給食以外ではまともに栄養をとれない子供たち、その子供たちへの有形無形の社会的排除。巨額の金融資産や年金資金による景気や株価の下支えが演じられている舞台の奈落では、荒廃と絶望と怒りが深く静かに広がり、鬱積しつつある。巨大な金融ゲームのもとで、持てるものと持たざるものとの対立が拡大していけば、やがてそれは社会の中間層を引き裂き、さまざまな紛争や暴力となって噴出してくるだろう。

こうした状況を直視すれば、一九八〇年以来、事実上進行してきたのは「上からの階級闘争」だったという指摘には十分な根拠がある。大富豪ウォーレン・バフェットの次の言葉は、そうした実感をよく伝えている。「階級闘争が存在するって、それはその通りだろう。ただし闘争を仕掛けているのは私の階級、金持ち階級の方だ。そして私たちは勝利を収めつつある」[*7]。この闘争の帰趨《きすう》に最富裕層からさえこうした懸念の声が上がるのは、資本主義の真の危機が資本の敗北によってではなく、過度の勝利によってもたらされるという事実を彼らが直観的に知っているからに他ならない。

資本の新たな連帯

総じて古典的マルクス主義は資本のあり方を非人格的な形で記述してきた。マルクス自身、自分は資本家や土地所有者の姿をバラ色に描くことはしないが、自分が人格を問題にするのは唯一、それが経済的カテゴリーの人格化されたものである場合に限られると述べている。

私の立場は経済的社会構成の発展を一つの自然史的過程として捉えようとするものであり、

他のいかなる立場と比べても、諸関係の責任を個人に負わせようとする発想からはほど遠い。いかに個人が主観的には諸関係を超えた存在だと感じていても、社会的には彼こそが諸関係によって作られた被造物でありつづける。

（『資本論』第一巻、Ⅳ・九頁）[*8]

諸関係によって作られた被造物。これがマルクスの捉えた資本家の姿だった。資本家は主観的には自由でありえても、客観的にはこの存在規定を免れることはできない。そうマルクスは見ていた。

では賃金に依存する労働者はどうか。労働者もまた諸関係によって作られた被造物というこの存在規定から自由になれないのか。おそらくマルクスは、そうは考えていなかっただろう。少なくとも労働者には「万国の労働者よ、団結せよ」と世界の仲間に呼びかける自由な主体としての資格が与えられていた。労働者は諸関係の被造物であるだけではなく、新たな諸関係の創造者にもなりうる。それはなぜか。おそらくマルクスならこう答えただろう。労働者に押し付けられている諸関係は、労働者から人間としての幸福や尊厳、マルクスの言う「類的存在」を奪い去っている。だから労働者の解放運動には、単なる主観的欲求を超えた普遍的要求と、それゆえに歴史的論理が宿っているのだ、と。だからこそマルクスはプロレタリアートを、特別な属性を持つ階層として次のように定義している。

普遍的な苦痛のゆえに普遍的性格を持つ階層、そしてわが身に受けたのはいかなる特殊な不正でもなく、不正そのものであるがゆえに、いかなる特殊な権利も請求できない階層、歴史的な資格に訴えることができず、もはや人間としての資格に訴える以外にない階層、〔……〕つまり自分自身を解放するために、まずは社会の自分以外のいっさいの階層から自己を解放し、それによってそうしたいっさいの階層をも解放する以外にはない階層、ひとことで言えば、人間の完全なる喪失であるがゆえに、人間の完全なる再獲得によってのみ自らを獲得しうるような階層〔……〕。（『ヘーゲル法哲学批判序説』、Ⅰ・一七七頁）

資本家は、社会を変えることなく自分の自由を拡大することができる。しかしプロレタリアートは、社会を変える以外に自らの自由を拡大する手段を持たない。だから彼らは自分の解放のために社会の解放を不可欠な条件とする唯一の階級だ。それゆえ彼らの自己解放のための闘いは、単なるエゴイズムに支えられているわけではない。それは同時に人類の解放のための闘いであり、その意味で資本家の闘いよりも高度な倫理的・社会的正当性を持っている。これがマルクスの言い分だった。

しかし、かりにこうした主張を認めたとしても、だからといって資本家が連帯などできるはずはないと高を括《くく》るのは禁物だ。資本家もまた、利益追求のために「万国の資本家よ、団結せよ」と世界中の仲間に呼びかける自由を手にしている。資本収益が縮減されれば投資をサボタージュし、さまざまな手段を用いて政府に働きかけ、自分たちを組織化し、新たな諸関係を作り出し、歴史の創造者になりうる。彼らはけっして諸関係の受動的な被造物などではない。この冷厳な事実を、新自由主義への転換過程において、労働者階級とその同伴者たちはあまりにも過小評価してきた。

ただし、世界に散らばる資本家たちは、争議に加わる労働組合員のように拳《こぶし》を突き上げてシュプレヒコールを繰り返したり、ハチマキをしめて旗のもとに集まったりはしない。あるいはまた、種々の陰謀説がもっともらしく語るように、どこかの秘密委員会の指令を受けて一斉に行動するわけでもない。資本の所有者および管理者たちが採用したのは、そんな「濃い」連帯形式ではなく、はるかに「薄い」連帯形式だった。

ただし「濃い」連帯が「強い」連帯で、「薄い」連帯が「弱い」連帯だと勘違いしてはならない。この薄い連帯形式は組織加盟や人格的紐帯《ちゅうたい》を前提としていない。だから消費社会がもたらす差異化にも、都市文明がもたらす匿名化《とくめい》にも十分に耐えることができる。総じて言えば、それは貨幣経済がもたらす「生の抽象化」に即応した連帯形式だった。そこには左派の連帯がしばしば要求するような「高い意識」や共属感、あるいは倫理的・道徳的な同化圧力も存在しない。その連帯形式ははるかに利己的な動機に支えられており、没価値的で気まぐれだったが、その分、柔軟で強力だった。資本の所有者と管理者たちは出身大学、官庁、政界、財界、マスコミ、出版社、シンクタンク、学会等々のゆるやかなネットワークの中で絶えず情報を交換し、資本収益を向上させるための小まめな改革を発案し、計画し、具体化していった。そこに参加したのはけっしてエリートだけではない。そこには、労働組合や左派インテリを敵視する、さまざまな草の根の右派運動や宗教団体も加わった。

資本側のそうした薄い連帯のあり方を、労働者階級とその同伴者たる左派リベラル勢力は、総体として捉えそこなった。濃い連帯から離脱した賃金依存者たちは、大衆消費社会における「階級の消滅」などという神話を安易に受け入れた。そこにまたポスト・モダンやニューアカデミズムの知識人たちが軽やかに同伴した。彼らは消費の多様化に、構造の「ゆらぎ」や「差異の戯《たわむ》れ」などを見て、楽天的な言葉遊びに夢中になった。それは、資本の所有者と管理者たちが薄い連帯の中で、自らの「階級意識」をはっきりと目覚めさせていった過程と好対照をなす。どちらがこの階級闘争に勝利するかは論じるまでもない。

考えてもみてほしい。トマ・ピケティが言うように、もしアメリカ人の一％が全所得の二〇％を取得しているなら、なぜ残り九九％のアメリカ人は民主主義の力でこれを是正しようとしないのか。現在は選挙権が所得によって制限されている時代ではない。民主主義は数の論理と力によって、原理的には極端な格差を是正できるはずだ。数十年にわたって生産性向上の果実をほとんど受け取れなかった労働者に、なぜそれができなかったのか。それは、労働者とその同伴者の少なからぬ部分が、資本家たちのこの薄い連帯形式に、結果として知らず知らずのうちに協力してきたからだ。賃金労働者は「上からの階級闘争」を容認し、時には手助けしてきた。これが新自由主義の勝利行進を支えた重要な要因だった。

新自由主義の進展を大衆の側から支えてきた要因として、シュトレークは二つの点をあげている。一つは女性の職場進出、もう一つは消費文化の拡大深化だ。この点では、新自由主義という呼称に含まれている「自由」という言葉がまったくの見せかけであったわけではない。

厚生労働省の白書によれば、一九八〇年の日本では、男性雇用者と専業主婦からなる世帯が千百十四万世帯であったのに対して、夫婦共働き世帯はまだ六百十四万世帯、つまり全体の三六%にすぎなかった。これが九二年には五〇%を超え、二〇一一年には五六%に達している。[*9]

もちろん男女の雇用格差は依然として大きく、育児支援など女性の社会的自立を支える仕組もきわめて貧弱だ。それでも新自由主義の拡大を結果として支えた一つの要因が、女性の社会進出にあったことは疑い得ない。どんなに雇用条件が不平等であっても、女性にとって自分のお金を持つことは、「賃金奴隷」への道である以前に、まずは家父長的な「家族内不払い奴隷制度」からの解放だった。それはまた、多様化する商品市場での自己選択と自己表現の自由が拡大することでもあっただろう。だからアウトサイダーである彼女たちは、不安定な雇用条件をも受け入れ、それが、インサイダーである男性正社員の雇用を一層「柔軟化」させた。このようにして、新自由主義に好都合な条件が次々と作り出されていった。

もう一つ、資本が賃金労働者たちの協力を取り付ける際に重要な役割を演じたのは消費文化の拡大だった。これはマルクスの視野にはまだ十分に入っていなかった問題だ。新自由主義がもたらした消費の拡大、商品の多様化は個人に自由と解放の感覚を与えた。お客様は神様。商品を選択し、購買する消費者は少なくともその局面では王様として振る舞える。もちろんその自由と解放の原資を得るために、賃金労働者は自分の労働力を絶えず売り続けなければならない。あらゆる労働の労苦、職場のストレス、砂をかむような味気ない作業、組織防衛のために強いられる自己犠牲、王様と化した顧客の尊大な態度、クレーマーたちの度を越した要求。それらはすべて、貨幣という終点に向かうための手段として甘受《かんじゅ》される。ここはひたすら忍の一字、プライドをかなぐり捨ててとことん我慢するほかない。またそのことを知っているからこそ、クレーマーたちは安心してその要求を高めていくことができる。

しかし、ひとたび非人間的な苦役が貨幣へと変身を遂げれば、今度はその貨幣を始点として広大な自由と解放の世界が広がる。貨幣は生産の終着点であると同時に、消費の出発点でもある。今度は自分がクレーマーになる番だ。そう思ってみれば、かのクレーマー氏もまた貨幣を得るための堪《こら》え難い屈辱をあんな形で鬱憤《うっぷん》晴らししていたのかもしれない。

生産する賃金奴隷の生活と、消費する王侯貴族の生活。それは貨幣によってくっきりと分断された二つの世界だ。貨幣はこの二つの世界を似ても似つかぬものとして分離しながら、同時に不可分のものとして結合する。*10 疲れ果てた賃金労働者は、それがどんなに移ろいやすくとも、消費生活が与えてくれる瞬間的解放感に慰めを求めざるを得ない。その慰めへの願望が強ければ強いほど、いっそう賃金労働の現場に戻る動機も高まっていく。たしかに消費が与える快楽は瞬間的な慰め、不完全な自由、偽りの解放にすぎない。それでもその解放感は、濃い連帯に頼る抵抗運動を切り崩すには十分な威力を発揮した。

とはいえ、絶望してしまうのは早すぎる。この刹那《せつな》的解放の中には、微《かす》かながらユートピアの断片、あるべき世界への予感も潜んでいる。消費社会をトータルに批判し、濃い連帯だけを唯一の力だと信じる既成政党やその圧力団体、あるいは左右のイデオローグたちには、この断片を大切にする感覚がしばしば欠けている。よく目をこらして現実を見れば、消費文化の多様化や生活形式の個性化とともに、体制への潜在的抵抗力もまた育ちつつあることに気づくだろう。アドホックな参加とボランティアによる時間、労力、資金の提供、それによる新たな薄い連帯の形式。それは人権、フェミニズム、反貧困、環境保護、反原発、反基地などを掲げるさまざまな運動やNPO組織の周縁部分に、着実な広がりを見せている。薄い連帯は何も新自由主義者達の専売特許ではない。こうした形式の連帯を大切にする感覚を持たない対抗運動は、新自由主義に勝利できないだろう。

ただし、薄い連帯で結ばれた人々が、自分たちの置かれている状況を言語化するための学習過程は欠かせない。長期的には、開かれた議論を通じて練り上げられた論証だけが民主主義的制度を通じて政治を動かすことができる。現在の資本主義体制のもとで抑圧されているのはけっして貧困層だけではない。この体制下での自由の抑圧はさまざまな形をとっており、それを抑圧だと感じる自由すら多くの人には与えられていない。富裕層をも含め、そのことに気づいた人々がこの学習過程を引き受けるとき、「薄い連帯」は「強い連帯」と化すだろう。この道さえ開けるならば、資本の自己増殖と「上からの階級闘争」に一定の歯止めをかけることはけっして不可能ではない。生の商品化、関係の断片化、人心の荒廃、周縁化された人々による周縁化された人々への憎悪、その殺伐《さつばつ》とした光景の狭間に、今かすかな希望の灯火もまたゆらいで見える。

思えば草の根の右派勢力や歴史修正主義者たちの宣伝運動は、自己組織化のためのたゆみない努力を続けてきた。もし、こうした動きに対抗しようとするならば、リベラル派にも現実への正確な認識、冷静な論争能力に加えて、それなりの覚悟と知恵と粘り強い努力が必要だ。その際、中核になるのは制度化された組織と、それを支える濃い連帯であることは間違いない。労働組合や既成政党はそのための役割を今後とも引き受けていく必要があるだろう。薄い連帯でつながる周縁部の人々は、この中核部分をつねに批判しながらも、孤立させたり、早すぎる離別状をつきつけたりすべきではない。同時にまた中核部分をなす組織は薄い連帯につながる匿名の人々に自らを開き、資本主義が開拓してきた新たな連帯の可能性について学んでいく必要がある。それは「オルグ」や教化ではない。いわんや何年かに一度の票集めなどではない。あくまでそれは公的な議論と学習過程への絶えざる参加と、見えざる人々への呼びかけと応答だ。こうしてはじめて、資本側の連帯に拮抗《きっこう》しうる連帯が、労働者の側から生まれてくるだろう。

二　危機の先延ばし——シュトレーク『時間稼ぎの資本主義』

インフレによる時間稼ぎ

ところで、資本の側の薄い連帯は具体的にどのような方法で、大掛かりな階級闘争を成功させることができたのか。規制緩和、民営化、減税という政策の三本柱が、政財界、マスコミ、シンクタンク、経済学者たちの後方支援を受けながら、政府によって着々と推進されてきたことは、すでに見た通りだ。

しかし、そこにはもう一つ見逃すことのできない重要な手段があった。それは一見気づきにくい、貨幣という抽象的媒体による資本と政治の連帯だった。シュトレークは『時間稼ぎの資本主義』の中で、そのからくりを見事にえぐり出している。新自由主義への抵抗運動は、このからくりをこれまで十分には認識してこなかった。

シュトレークによれば、一九七〇年代に西側資本主義を襲った危機は、実のところ解決されたのではなく、「先送り」されたにすぎない。そしてその先送りは現在もなお進行中だ。この先送りのために採用されたのは「資本主義の諸制度の中でも、もっとも神秘に満ちた制度である貨幣」によって「時間を買う」という手段だった。*11

先に述べたように、戦後資本主義は遅くとも七〇年代初頭までには高度成長期を終え、生産的な資本投資によって完全雇用を達成することは難しくなっていた。とはいえ完全雇用は、戦後民主主義が国民と交わした一種の社会契約だ。この看板を正式に下ろしてしまえば民主主義体制に正当性危機が生じかねない。学生運動の記憶はまだ薄れておらず、労働者側の組織的抵抗力も健在だった。そこに石油危機が襲いかかってきた。

こうして政府は資本側（利潤依存者）の要求と労働者側（賃金依存者）の要求の間で板挟みになった。両者を全面衝突させないためには、とりあえずどこからか、お金を調達してきて双方をなだめるしかない。しかし、いったいどこから？　もちろん租税国家であれば税金を充《あ》てるのが本筋だ。しかし増税には双方の側からさらなる反発が予想される。そこで政府は現実には存在しない貨幣を作り出し、その貨幣でとりあえず時間稼ぎをする策に出たとシュトレークは言う。ただしこれは、あくまで危機の先延ばしにすぎず、解決にはならない。なぜなら徴税以外の方法で調達した貨幣は、いずれ返済しなければならないからだ。その点では、手が届かないはずの豪華商品をクレジットカードで購入した消費者とまったく変わらない。先延ばしにされた借金は、いずれ利払いをともなった、より大きな取り立てとなって戻ってくる。

貨幣によるこうした危機の先送りを、シュトレークは英語の buying time（時間稼ぎ）という慣用句で表現している。そしてそのようにして買われた時間をドイツ語で gekaufte Zeit（買われた時間）と表現し、それがシュトレークの著作のドイツ語タイトルになっている。

「時間稼ぎ」とはとりもなおさず、貨幣による危機の先延ばし策のことだ。この点も、サラ金に返済を迫られた債務者と変わりない。厳しい取り立てを逃れるため、債務者は別の高金利ローンを借りてとりあえず目前の危機を先延ばしにする。その借金は一定の時間を過ぎればふたたびより深刻な形で舞い戻ってくる。シュトレークによれば、七〇年代から二〇〇八年の危機にいたるまで、貨幣的手段を用いた時間稼ぎはすでに三度にわたって繰り返され、現在はその第四弾が進行中だという。

その第一弾は七〇年代に登場した。このとき、時間稼ぎのためのお金の出所となったのは紙幣の印刷機だった。各国は景気回復の名目で財政の手綱《たづな》を緩め、生産性を上回る賃上げを容認するという手法で自国通貨のインフレを放置した。これは労働と資本の間で表面化した分配上の紛争を、いわば実体のない貨幣の投入によって緩和したのと同じことだ。インフレは貨幣価値を下落させ、それによって実質賃金を抑えることができる。これが資本側にしばしの余裕を与える。その一方でインフレは労働者側に名目賃金の上昇を印象づける。それによって分配されるパイが大きくなったかのような錯覚が生み出される。インフレは国にとっても、発行済み国債の負担を軽減させる効果を持つ。こうして七〇年代の危機は「インフレによる時間稼ぎ」、すなわち実質成長を名目成長で肩代わりすることによって先送りされた。しかしこんな錯覚は時間とともに醒《さ》めていく。貨幣価値の下落は結果として他の通貨への逃避を促し、輸出産業の競争力を下げ、資産所有者に投資を抑制させる。こうしてこのマジックも七〇年代末には賞味期限切れを迎えることになる。

国家債務による時間稼ぎ

貨幣的手段による時間稼ぎの第二弾は、一九八〇年代初めのアメリカのインフレ抑止策から始まった。これが本格的な新自由主義のスタートとなる。レーガン政権は政策金利を一時は二〇％近くまで引き上げることで、インフレを劇的に終息《しゅうそく》させた。それ以後、今日にいたるまで先進諸国では目立ったインフレは生じていない。しかし当然ながら、今度はデフレ効果による景気後退と失業問題が表面化してくる。大量失業者を背景に労働組合の抵抗が高まり、ふたたび民主主義の正当性危機問題が浮上してきた。これに対して英サッチャー政権と米レーガン政権は、一方では強権を発動して労働組合の抵抗を徹底的に抑え込んだ。しかし他方ではふたたび、貨幣による時間稼ぎのマジックを利用した。

失業率が高まれば失業手当のための支出が増大する。また八〇年代には、かつて賃金抑制の見返りとして約束してしまった年金が次々に支払時期を迎えた。社会保障制度はスタートしてから効果が出るまでに何十年という時間がかかる。改革を急いでも、かつての約束や潜在的な契約は一気に破棄するわけにはいかない。かといって増税や緊縮に走れば肝心の実体経済が冷え込み、資本の側にも痛みが生じる。

そこで政府は、社会紛争を平和裏《り》に解決するために、前回と同じく、現実には存在していない金融資源を利用した。ただし今回採用したのは国家による紙幣増刷という手段ではなく、民間の金融機関から国家が将来の税収を担保に前借りをするという手段だった。簡単に言えば国債の発行だ。国債を発行するということは、まずは市民が労働によって稼ぎ、国家がそれに課税してはじめて実在化する将来の金融資源を利用するということだ。こうして政府は新たな課税を回避できただけでなく、富裕層に対する大胆な減税までも実施する余裕を手にすることができた。

このレーガン政権下の国家債務は、金融市場の自由化と手を取り合って進んだ。これは国家と金融資本の双方にとって願ってもないことだった。米国政府はドル高政策によって金利をつり上げ、石油危機で膨《ふく》れ上がった産油国のオイルダラーを米国金融セクターに呼び込む。銀行はこれを元手に迅速《じんそく》かつ頻繁に国債を購入する。国は借金をすることで、オイルダラーの溢《あふ》れかえる金融セクターに、安定した金融資金の運用先を提供する。金融セクターは、国家の税収不足を補塡すると同時に、自らも安定した利子収入を得ることができる。国はその借金のおかげで富裕層や企業の税金を安くできる。それと同時に、国が大きな債務を抱えることは、社会保障費を削減するための格好の口実となる。債務が積み上がったことによって、国は福祉カットや公共セクターの民営化に向かわざるを得なくなる。民営化は千載一遇《せんざいいちぐう》の投資先を作り出すと同時に、私企業の潜在的ライバルを排除し、資本の収益性を高める。これが新自由主義の貨幣マジックだった。このマジックが、インフレ退治後のデフレ危機を先送りし、当面の時間をせっせと稼いだ。

しかし、この第二弾の時間稼ぎも、やがて賞味期限が近づいてくる。一九九〇年代を迎えると、各国政府は予算に占める国債費の大きさに懸念を示し始めた。野放図《のほうず》な借金財政が続けば、債権者たちは国の返済能力と返済意志を疑い始める。そうなれば国債の信用低下が起こり、国債の市場利回りの上昇が続き、借り換えコストが高まっていくだろう。

民間債務による時間稼ぎ

一九九三年に成立したクリントン政権はこうして、社会保障費の削減による公的予算の均衡化に着手することになる。他のほとんどの西側諸国も、OECDやIMFなどの国際機関に促されてこれに追随した。しかし、新自由主義が戦後資本主義の檻《おり》を抜け出してから十年以上経ってもなお、政府は階級闘争の表面化を防ぐために追加的な資金供給という後ろ盾を必要としていた。

公的予算を均衡化するということは、歳入を増やし、歳出を減らすということだ。したがって一番まっとうな方法は増税と緊縮ということになる。しかし増税や緊縮は需要を後退させ、景気を腰折れさせる恐れがある。そうなれば個人家計の所得喪失を招き、抑え込んできた政治紛争が再燃しかねない。かといって増税の代わりに国債発行に頼れば、財政赤字はさらに拡大する。このジレンマを解決したのが、貨幣的手段による時間稼ぎの第三弾、すなわち国家債務の民間債務への付け替えだった。この政策を手助けしたのは、またしても金融と資本市場の、「第二波」の自由化だった。

すでに見たように、社会保障の削減や労働分配率の低下によって、労働者階級の可処分所得は総じて低下していた。しかし、その一方で消費文化は拡大し、女性の職場進出も急速に進んだ。所得の伸びが停滞する中で、労働者たちは購買意欲を満たすためにクレジットカードに頼るようになる。金融機関は顧客を広げるために審査基準を甘くし、個人の債務上限が急速に引き上げられた。こうして借金への障壁は低下し、個人債務が拡大していった。

これは新自由主義的な政府にとって好都合な展開だった。国は自分で財源を探す必要はなく、単にローンの審査を緩和し、債務者が自分でリスクを背負うように制度整備をすればよかった。低所得者でも簡単に持ち家が手に入るサブプライム・ローンは、こうして拡大していった。二〇〇一年に政権の座についたブッシュ大統領は持ち家促進政策を掲げ、住宅減税や低所得者向けローンの優遇策を打ち出した。家を持つこと、それはアメリカン・ドリームを実現することだ、と彼は演説した。白人の四分の三が家を所有する一方、黒人やヒスパニック系で住宅を所有している人は半数に満たない。彼ら同胞にもぜひアメリカン・ドリームを実現してもらおうではないか。

こうした政策の追い風を受けて、住宅ローン会社は頭金なしで住宅資金を貸し出した。最初の二年間の金利は七％台に抑え、三年目から半年ごとに利率を上げて、最終的には一四％台にもなるローンを低所得者層に組ませた。「でも心配はいりません」と半信半疑の低所得者たちは聞かされた。利率が上がる前にローンを借り換えることができます、と。その時に住宅価格が上がっていれば、担保である家の価値が上がる。上がった価値を利用して他の業者からローンを借り直し、以前のローンは清算すればいい。新しいローンも最初は低利率だから数年後に同じことを繰り返せば、利率が上がる前にローンは全額返済できる。おおよそこのようなビジネスが公然と行われた。

これによって国は、低所得者に公営住宅を提供する義務から逃れ、個人に無理な借金をさせることで税を節約した。言ってみれば労働者の未来の購買力を担保に、金融機関から金を引き出し、そのリスクを民間にとらせることによって危機を先延ばしした。しかし、この借金もまたいつの日か、乏しい労働者自身の賃金から金融機関に返済しなければならない。しかも高い利子をつけて。このビジネスモデルのリスクをしばらくのあいだ隠しおおせた唯一の理由は、住宅価格の一方的値上がりだった。

中央銀行による時間稼ぎ

そして、住宅バブルの破裂とともに、この借金は一気に大規模な不良債権と化した。これが二〇〇八年の金融危機と三種類の複合危機につながった経緯は、すでに見てきた通りだ。現在、銀行危機、国家債務危機、マクロ経済危機の三種類の危機をなんとか表面化させないために、貨幣による時間稼ぎの第四弾が進行中だとシュトレークは述べている。今回、せっせと時間を買い続けているのは各国の中央銀行だ。中央銀行はゼロ金利で市場に資金を提供しているだけでなく、積極的に危機国の国債を購入し、株を購入し、国家と二人三脚で危機の表面化を防いでいる。これは二〇一五年までのアメリカの連邦準備制度も日本の日銀も変わりはないが、中でも深刻な状況を迎えているのはユーロ圏だ。

リーマン・ショック後の複合危機にもっとも長く苦しんだ経済圏の一つは、ヨーロッパ連合（EU）だった。特に、財政主権を保持する十九の独立国が共通通貨圏を構成するユーロ圏では、ギリシャのデフォルト危機とその緊急支援をめぐる紛争が間歇《かんけつ》的に生じた。

ここでも危機管理の主役を演じたのは、第四段階の時間稼ぎ、すなわち欧州中央銀行（ECB）による金融手段だった。二〇一一年十一月、マリオ・ドラギがECB総裁に就任する。ドラギは、かつてアメリカの住宅バブル時代に巨大投資銀行ゴールドマン・サックスの副会長を務めていた人物だ。ちなみに同時期にイタリア首相に就任したもう一人のマリオ（・モンティ）も、ゴールドマン・サックスの国際顧問を務めていた。これを偶然の一致と見るほどナイーブな人は少ないだろう。

ドラギ新総裁は翌月にはすでに市場の予測を超える大規模な長期資金供給オペレーション（LTRO）を実施し、資金繰りに苦しむイタリアやスペインなどの銀行に計四千八百九十一億ユーロもの資金を供給した。五百以上の金融機関が調達したこの五十兆円規模の資金は、年が明けると、逼迫《ひっぱく》していたドル資金の確保や国債購入に充てられた。なんのことはない、危機に陥った銀行がＥＣＢから低利（当時の政策金利平均一％）の長期資金を借り、その資金で危機国の短期国債を買って利鞘《りざや》を稼いだ計算になる。

常識的にはモラルハザードと呼ばざるを得ないこの措置で南欧諸国の国債利回りは低下し、債務危機は一時的に鎮静化した。二〇一二年二月に実施された二回目のＬＴＲＯの額はさらに膨れ上がり、五千二百九十五億ユーロに達した。その後もドラギはスペインやイタリアなどの一―三年物国債を無制限に購入する計画（ＯＭＴ）を打ち出し、欧州の流動性危機を抑え込んだ。ドラギ・マジックと呼ばれたこの一連の「非伝統的」な手法は、危機管理に関する限り、政策金利によるマネタリーベースのコントロールという伝統的（オーソドックス）な手法だけでは限界があることを立証した。

しかし、ＥＣＢによる時間稼ぎには、南欧危機のたびに最大の資金拠出国となるドイツ国内に根強い反発がある。過去にハイパーインフレを経験したドイツは、伝統的に中央銀行の独立性を重視してきた。ドラギが発表したＯＭＴ計画に対して、ドイツ連邦銀行総裁ヴァイトマンは「欧州連合の機能に関する条約」（ＴＦＥＵ）第百二十五条の非救済条項（ＥＵまたはその加盟国による他国債務の引き受け禁止）を盾にとってＥＣＢ理事会で強く反対した。それに呼応してドイツの連立与党ＣＳＵの有力議員ガウヴァイラーがＯＭＴに憲法違反の疑義があるとして、ドイツ憲法裁判所に違憲審査を申請した。

こうした国内の反発を背景に、ドイツ政府は支援のたびに、その条件としてギリシャ政府に財政再建を強く求めてきた。しかし、そこで課された緊縮策はギリシャ国内のマクロ経済危機を悪化させ、銀行危機を再燃させ、国民生活を直撃した。税を負担するドイツ国民も、緊縮にあえぐギリシャ国民も、複合危機の共通の被害者だったが、国民感情の対立はかつてないほど深まった。まさに銀行危機、国家債務危機、マクロ経済危機が典型的な形で負の連鎖を生み出し、ギリシャ経済のみならず、EU統合という歴史的プロジェクト全体を脅かしつつある。

中央銀行による時間稼ぎは、今のところ、時間を稼ぐという目的は果たしているように見える。ただしその資金源が最終的には国民の税金であることに変わりはない。買われた時間を利用して問題の根本解決に取り組まない限り、いずれは中央銀行が自ら抱えた不良債権のためにその通貨圏の貨幣価値を下落させることになる。そのとき、次なる時間を買う能力を持っているのは誰か。その時間稼ぎはいったいどのように行われるのか。これは歴史だけが答えられる質問だろう。過去の歴史が警告しているのは、こうした危機の解決策が往々にして大規模戦争に求められるということだ。

民主主義の危機

シュトレークは、貨幣による時間稼ぎが民主主義国家にもたらした重大な結果についても鋭い指摘をしている。この時間稼ぎの結果、近代国家の唯一の正当な主権者である国民の傍らに、「第二の選挙民」として、利害関係者からなるステークホルダー集団が登場することになったという。債務国家の政府は、選挙での国民の投票行動を気にするのと同じように、次回の国債入札での金融市場の行動を気にかけるようになる。思い出してみると、一九八〇年代と一九九〇年代には、「行動する株主」たちが、企業は株主にとっての価値を最大化すべきだと主張しながら大企業の株主総会に乗り込んでいった。この二つの光景は驚くほど似ていると、シュトレークは書いている。

日本でもかつて、放送会社を買収しようとしたホリエモンこと堀江貴文《たかふみ》の挑戦が大きな話題となった。株式公開をしている会社の役員は、それ以後、つねに「コーポレート・ガバナンス市場」に直面するようになった。株主総会では企業の剰余金を従業員への分配に充てる代わりに株主に配当すべきだという声が高まった。経営合理化のために心を鬼にして従業員をリストラし、利潤と株価を上げられる経営者こそが良きリーダーだとされた。

それと同じように、今日の債務国家は、第一の国民である選挙民の声だけでなく、第二の国民となった金融市場の要求に耳を傾けざるを得ない。その要求はこう叫ぶだろう。税収は国民の社会保障などに充てるな。その代わりに、国債価値の維持と利払いの確保に使え、と。今後はますますそんな声が高まってくる。行政をスリム化し、心を鬼にして大胆な年金カットと社会保障削減を断行できる政治家こそが良きリーダーと呼ばれるだろう。

資本主義をそれなりに飼いならしてきた戦後の民主主義は、こうして今や資本主義によって飼いならされている。四度にわたる貨幣マジックはその都度、経済危機を先延ばしにして政治危機が表面化するのを防いできた。言い換えれば、それは民主主義の正当性の危機を資本主義の力によって見えなくする試みだった。それと同時に、この四段階の時間稼ぎは、民主主義が資本主義の支配に屈していくステップでもあった。

でもそれはアメリカやEUの話ではないかと、資本主義の「多系的発展」を主張する論者は言うかもしれない。たとえば日本やスウェーデンなどは、これとは異なる発展を遂げてきたのではないか、と。しかし、シュトレークは、インフレ、国家債務、民間債務、中央銀行債務という四つの貨幣マジックによって、民主主義が次第にステークホルダーとしての金融資本に屈していく過程に関する限り、資本主義の類型論は有効性を持たなかったと主張している。たしかに程度の差や時間の差はある。しかしシュトレークのデータを見ると、金融化が高度に進んだアングロサクソン型民主主義国家（米、英）、スカンジナビア型福祉国家（スウェーデン）、大陸ヨーロッパ型社会的資本主義国家（独、仏）、地中海型資本主義国家（伊）、そしてアジアの資本主義国家（日）は、この点に関してほぼ同じ発展経路をたどってきたことが分かる。[*12]

ここで紹介したシュトレークは、一九八〇年にフランクフルト大学で博士号を取得した社会学者で、ハーバーマスに代表される七〇年代のフランクフルト学派から大きな影響を受けている。しかし、フランクフルト学派の危機理論は、後期資本主義の危機を経済危機としてではなく、何よりも民主主義的な正当性の危機として捉えていた。現代の支配権力はもはや自由な公共圏での討議と合意形成に根拠を持つものではない。それは政党や労働組合、ロビイストなどによる団体協調主義的な妥協の産物にすぎないと彼らは論じた。そこで暗黙の前提とされていたのは、資本主義自体の矛盾や不均衡は、今やテクノクラートによるシステム操作やケインズ主義的な国家介入によって制御可能になったという想定だった。だからハーバーマスは資本主義経済自体の分析から距離をとり、むしろ道徳、法、民主主義の基礎づけ理論へと向かった。当時の危機理論のこうした楽観的な想定は、戦後の民主主義的資本主義の自己理解をあまりにも受け入れすぎた結果だとシュトレークは批判する。それによってフランクフルト学派の危機理論は資本主義の制御問題を過小評価し、一九七〇年代末から始まった資本主義の新自由主義的転換の本質を捉えそこなったというのが、シュトレークの主張だ。

一九五〇年代と六〇年代には、政治が経済に深く介入することによってマルクス経済学の予測を覆した。しかし二十一世紀を迎えた現在、経済が政治に深く介入することによって、マルクス経済学の予測が蘇りつつある。新自由主義の成功を受けて、私たちはマルクスのアクチュアリティを、あらためて問い直す必要にせまられている。

三　格差という問題――ピケティ『21世紀の資本』

ピケティ現象

こうした中で二〇一三年、一冊の分厚い経済専門書がフランスで刊行された。この著作、トマ・ピケティの『21世紀の資本』はその翌年に英訳版が出版されるや、わずか五週目で《ニューヨークタイムズ》のベストセラー欄に登場し、最初の三カ月間だけで四十万部の売り上げを記録したという。なぜ原著で千ページを超える経済学の専門書がこのように一世を風靡《ふうび》し、「ピケティ現象」とも呼ばれるブームを引き起こしたのか。まずは同書のセールスポイントを簡単に紹介しておこう。

第一は、同書が近年の格差拡大に関する人々の実感を、豊富なデータと緻密な統計処理を通じて裏付けた点だ。少なくともこの点については、同書の批判者たちも一様に高く評価している。アメリカでは一％の富裕層が全所得の二〇％（日本では約一〇％）を取得しているといった事実に、あらためて多くの読者が憤慨《ふんがい》したことだろう。

第二は、資本収益率（r）が経済成長率（g）を上回るとき、不平等はますます拡大すると指摘したことで、「資産保有」が不平等を拡大させる効果を持つことに人々の関心を向けた点だ。

ピケティの主張をひとことで要約すれば、成長率の低い経済では「労働」から得られる所得よりも、「保有する富」が生み出す所得の方が大きいということだ。これは、新自由主義者が好んで用いてきた「格差は努力や能力の差から生じる」という主張に対する強力な反論にもなるだろう。

第三は、二十カ国以上の二世紀以上にわたるデータをもとに、資本収益率が経済成長率を上回る状態を、長期的傾向として法則化した点だ。そこから見れば、両者の関係が逆転した二十世紀の二つの大戦から戦後の高度成長期までが、むしろ例外的時期だったということになる。これが英米では近年、ふたたび百年前の家産《かさん》的資本主義の時代に戻りつつあるとピケティは言う。同じ傾向は他国にも見られ、積極的な再分配政策、特に資産への課税措置を講じない限り、不平等は今後も拡大し続けるだろう。

第四は、経済学に幅広い歴史的視野を導入することで、複雑な現実の中でもう一度実践的な課題に向き合うようにと、この学問に要請した点だ。『資本論』と同様に、この著作にはさまざまな文学作品が引用されている。長らく数理経済学と政治経済学の間で引き裂かれてきた経済学の専門書に、こうした引用を発見する楽しみを人々は久しぶりに味わったことだろう。この点では、ピケティの著作は、単純な数式に還元できない奥行きの深さと歴史記述としての魅力を備えている。

第五は、ひょっとするとこの著作がヒットした最大の理由かもしれないが、複雑な経済現象を非常に単純な不等式に還元することによって、難解な理論やイデオロギーの助けを借りることなく、格差問題を人々に訴えることができた点だ。

これは、アルキメデスが浮体の原理を発見したとき、「ヘウレーカ（分かったぞ！）」と叫んで裸で外に飛び出したというあのエピソードを思い出させる。人間の知性は抽象的な一般化を好む。それは一見ばらばらに見えていた個別経験が単純な規則に還元できることを発見した時の喜びだ。ドイツ人ならそんなとき、「アハ」と声を発するので、ドイツの心理学用語では「アハ体験」などとも呼ばれる。日本語に訳せばさしずめ「あっ、そうか体験」といったところか。保有資産が労働の成果より多くの富をもたらすという単純なルールは、多くの人に、この「あっ、そうか体験」をプレゼントした。もしそうであれば、貧困者がいくら働いても、富める者との格差はますます広がっていくしかない。それを大多数の人が望まないならば、資産課税による富の再分配のために、あらゆる民主主義的手段を行使すべきだ。この論理は少なくとも「万国の労働者よ、団結せよ」と叫ぶよりは、今日、はるかに多くの人を説得することができるだろう。

資産保有の格差がさらなる不平等を生み出すというピケティの指摘と、それを防ぐための具体的提言自体は、間違いなく現代社会への貴重な貢献だった。資本主義の問題点は周期的に危機を招く傾向や持続不可能性だけではない。資本主義はうまく機能していても、いやうまく機能すればするほど、なおさら社会に大きな格差を生み出していく。この事実に人々の関心を向けたことがピケティの大きな功績だった。しかし、まさにこの同じ点に、ピケティ現象の落とし穴もまた潜んでいる。

「マルクスは難しすぎてきちんと読んでいない」。ピケティはインタビューでそう答えている。その真偽のほどは不明だが、言い換えれば、マルクスが開発したカテゴリーや理論装置など用いなくても現代の格差問題は十分に説明しうるということだろう。だとすればピケティは、r＞gという不等式だけでなく、資本主義の法則を理解するのにあんな難解な著作は不要だということまでも証明してしまったのだろうか。こうして「二十一世紀の資本」は「十九世紀の資本論」を乗り越えたのだろうか。もうマルクスの出番はなくなったのか。

マルクスの独自性

事実はまったく逆だ。膨大な統計を駆使して格差問題を記述したピケティの貢献によって、むしろマルクスの独自性は輝きを増した。なぜならマルクスが目を向けていたのは、一般的な格差拡大とは別の何かだったからだ。そもそもマルクスは、資本をピケティのように単なる「富」や「財産」と同じものだとは考えなかった。富や財産であれば、その物語は古代にまでさかのぼることができるだろう。マルクスはむしろ近代以降の富の特異性に注目した。近代の賃金労働は、かつての奴隷の苦役や農奴の賦役《ふえき》労働とは異なり、少なくとも見た目には労働者の自由意志によって行われている。だから近代の富の源泉は現実の表層からは見えにくい。それはいったいどこに、どのように身を隠してしまったのか。なぜ、富の最終表現である貨幣を見ても、その由来を理解できないのか。そもそも貨幣とは何であり、それはどのようにして出現したのか。そんな問いがいつもマルクスの思索を駆り立てていた。だからマルクスは、偏在する富をどのように「分け直すべきか」と問うたわけではなかった。マルクスはむしろ、その富はもともと「どこから」やって来たのか、それは本来「誰が」産み出し、どのような「経緯」を経て特定の人々のもとに蓄積したのか、その経緯は「公正」なものだったのか、そしてその経緯はなぜ「目に見えない」のかと問い続けた。

新自由主義的転換によって社会的規制から逃れ出た資本主義は、今や本来の凶暴性を取り戻しつつある。それをふたたび飼いならすためには、民主主義の諸制度と公共的な議論を通じて、格差の是正、完全雇用の実現、累進課税の強化、福祉国家の再構築などを粘り強く求めていくほかない。これは資本主義体制の維持を望む人々にとっても、いずれは避けて通れない課題となるはずだ。マルクスの資本主義分析は資本主義に潜在的に備わっている不均衡拡大傾向への警告として、今なおそのアクチュアリティを失っていない。

ただし、現代資本主義における市場と国家、生産と消費、肉体労働と頭脳労働、生産性と科学技術の関係などは、マルクスが観察していた自由主義的資本主義の時代とは大きく様変わりしている。社会システムが高度に複雑化した現在、こうした具体的な政策分野でマルクスの著作が直接的に果たしうる役割は、おのずと限られてくるだろう。

にもかかわらず、マルクスの資本主義批判には、現代資本主義を分析するためにも欠かせない優れた着眼点と洞察、そしてシュトレークやピケティには見られない哲学的次元が含まれている。マルクスの経済分析はいつでも規範的要求に促され、哲学的反省と手を携えながら進められた。現実についての分析と批判とを切り離さないこの態度こそは、ヘーゲル左派からマルクスが引き継いだ最良の遺産だった。そこにはシュトレークやピケティの議論では代替できないマルクスの独自性が光っている。以下ではそこに光を当てながら、マルクスの理論形成の跡をたどってみたい。一度は死亡宣告を受けたこの理論家を二十一世紀に復活させた大きな理由は、この理論が持つ哲学的射程にこそあると、本書は主張していくつもりだ。

註

＊1　生産過程に投じられる全資本のうち、生産手段の購入に投じられる資本（不変資本）の割合が、労働力の購入に投じられる資本（可変資本）の割合に比べて増大していく現象。これにより、機械化が進み、失業者が増大する。

＊2　資本の有機的構成が高度化すると、総資本に対する剰余価値の率が低下し、利潤率が傾向的に低下していくという法則。

＊3　Thomas A. Kochan, "A Jobs Compact for America's Future." in *Harvard Business Review*, March 2012. (https://hbr.org/2012/03/a-jobs-compact-for-americas-future)

＊4 Steven Rattner, "America in 2012, as Told in Charts," in *New York Times*, December 31, 2012. (http://opinionator.blogs.nytimes.com/2012/12/31/america-in-2012-as-told-in-charts)

＊5 《ニューヨークタイムズ》二〇一〇年六月十二日。

＊6 ジニ係数は資産などの分配の不平等さを測る指標で、一に近いほど不平等度が大きくなる。グローバルノート(globalnote.jp)によれば、二〇一二年のOECDデータに基づくジニ係数はアメリカ〇・三九、イギリス〇・三五、日本〇・三三、イタリア〇・三二、カナダ〇・三一、フランス〇・三〇、ドイツ〇・二八となっている。

＊7 《ニューヨークタイムズ》の以下の記事を参照。http://www.nytimes.com/2006/11/26/business/yourmoney/26every.html

＊8 K・マルクス『資本論』第一巻、今村仁司・三島憲一・鈴木直訳、筑摩書房（マルクス・コレクションⅣ）、二〇〇五年。以下、特に断りがない限り、マルクスの引用は同コレクションによるものとし、巻数と頁数のみを記す。ただし訳文については適宜文脈に合わせて改変した箇所がある。

＊9 平成二十三年版厚生労働白書「社会保障の検証と展望～国民皆保険・皆年金制度実現から半世紀～」。(www.mhlw.go.jp/wp/hakusyo/kousei/11/dl/01-01.pdf)

＊10 ドイツの哲学者ゲオルク・ジンメル（一八五八―一九一八）は貨幣のこうした機能について数多くの優れたエッセイを書いている。たとえば「近代文化における貨幣の役割」(『ジンメル・コレクション』、北川東子編訳、鈴木直訳、一九九九年、ちくま学芸文庫所収）を参照。

＊11 Streeck, a.a.O. S.15.

＊12 Streeck, S.67, 71,73, 75の表参照。

第三章

近代社会哲学の出発点

一　マルクスが生まれた時代

三つの伝記的要素

本書の関心は、マルクス思想の核心を近代社会哲学の流れの中に位置づけ、そこから二十一世紀の社会理論のためのヒントを取り出すことにある。だからマルクスの人物紹介と、狭義のマルクス経済学の理論にはあまり触れていない。幸い、前者に関してはジョナサン・スパーバーの近年のマルクス伝[*1]が優れた翻訳を通じてすでに紹介されている。スパーバーは、多くの虚像や偶像を生み出してきたこの人物を、あらためて十九世紀の歴史的現実の中に呼び戻し、さまざまな顔を持つマルクスの人物像、交友関係、時代の雰囲気を生き生きと再現している。関心のある読者にはお勧めしたい伝記だ。また、後者の経済理論に関しては、日本には質量ともに充実した長い研究史がある。『資本論』の良心的な入門書や解説書も巷《ちまた》に溢れ、近年、種々の『資本論』の新訳も出版されているので、こちらもそれに譲ることにしたい。

それに比べると、青年期のマルクスがどのように初期市民社会の社会哲学と「対決」し、それが現代の社会理論にいかなる示唆を与え、また宿題を残したかについては、まだ十分に議論が尽くされているとは思えない。本書ではその側面に光を当ててみたい。

とはいえ、マルクスの思想史的な位置を知るためには、彼がどのような時代の子として、どのような環境の中に生を享《う》けたかを知っておく必要がある。そこで、ここではマルクスが本格的な著作活動を開始する二十代半ばまでの歩みを、駆け足で見ておきたい。

カール・マルクスは一八一八年、ルクセンブルクに近いトリーアという、ヨーロッパの古都で生まれた。両親はともにユダヤ系で、父方は代々ラビ（ユダヤ教における師）を輩出してきた一族だ。母方はハンガリーからオランダに移住した事業家の一族で、オランダの大企業フィリップス社の創業者は母方の親戚にあたる。

この①一八一八年という生年、②トリーアという生誕地、③ユダヤ系の出自という三つの要素は、マルクスの成長にそれぞれ少なからぬ影響を与えた。

出自の第一の要素である生年だが、これはナポレオン戦争の終結後四年を経て、ヨーロッパ諸国に反動勢力が舞い戻ってきた時代にあたる。一八一四年、敗北を喫《きっ》したフランス皇帝ナポレオン（一七六九―一八二一）はついに退位した。勝利した列強の代表は、オーストリア外相メッテルニヒ（一七七三―一八五九）が采配《さいはい》を振るウィーン会議に参加する。目指すはフランス革命以前の旧秩序を回復することだった。しかし、「会議は踊る」と揶揄《やゆ》された外交交渉は各国の利害対立のためになかなか進まない。そうこうするうちにナポレオンがエルバ島を脱出したとの急報が届く。続くナポレオンの「百日天下」の間に、そそくさと採択されたのがウィーン議定書だった。

フランス占領時代のドイツ諸国は、ナポレオンを盟主とするライン同盟に参加していた。それがこの議定書によって、今度はオーストリアを盟主とするドイツ連邦に再編された。連邦といっても三十五の領邦と四つの自由都市からなる緩やかな国家連合にすぎない。フランクフルトに連邦議会が常設されたものの、その実態は連邦国家からはほど遠かった。メッテルニヒは旧勢力の均衡による国際秩序の再建を望んでいた。

それでもウィーン会議の直後は、まだドイツ諸国内に、自由と国家統一を望む声が根強くあった。ブルシェンシャフトと呼ばれる学生組織がドイツ各地で自由主義とナショナリズムを掲げて活動を展開していた。その一部は過激化し、保守派の劇作家が暗殺される事件も起きた。自由主義がこれ以上拡大することを恐れたメッテルニヒは一八一九年、ドイツ連邦の主要十カ国代表をカールスバートに集め、ブルシェンシャフトや自由主義者の弾圧のための決議を採択する。ここで風向きが一変し、ドイツ諸国は保守化を強めていく。これがマルクス生誕翌年の、プロイセンの政治状況だった。

ちなみにマルクスが生まれた一八一八年は、ヘーゲルがフィヒテ（一七六二―一八一四）の後任としてベルリン大学の哲学教授に就任した年でもある。時代の変化に呼応するように、ドイツ哲学の主流も、個の尊厳と自由を説くカント（一七二四―一八〇四）の批判哲学から、個人の上位に国家を置くヘーゲルの法哲学、国家哲学へと転換していく。

しかし、いくら革命以前に戻すといっても、フランス革命がもたらした解放感まで人々に忘れさせるわけにはいかない。フランス占領地では、ともかくもナポレオン法典が施行され、市民階級が聖職者や土地貴族やギルドの特権から解放された。ところがウィーン議定書で新たにプロイセンに編入された地域では、こうした権利がふたたび市民から取り上げられていく。

出自の第二の要素としてあげた生誕地トリーアは、まさにこの落差がとりわけ強く感じられた地域だった。[*2] というのも、フランス国境に近いこの都市は、一七九四年、テルミドールの反動の年にすでにフランスに占領され、その後二十年間にわたってフランス化政策を深く受け入れてきたからだ。その間に市民階層は、かつての神聖ローマ帝国時代のトリーア大司教のもとでは考えられなかった、身分制やギルドや修道院の廃止、法の前での平等原則、陪審裁判制度の導入といった自由化の恩恵に浴した。だからトリーアではプロイセンへの編入後も、片や自由主義と啓蒙主義を信奉する親フランス派と、片や新たなナショナリズムとプロイセン国家への忠誠を表明する親プロイセン派とが、何かにつけて対立抗争を続けた。

出自の第三の要素であるユダヤ人の職業的自由も、このフランス占領によってもたらされたものだった。マルクスの父ハインリヒがユダヤ人でありながら弁護士になり、後に法律顧問官に出世できたのは、この歴史的変化のおかげだった。ところが、ウィーン議定書によってプロイセンに編入されたトリーアではふたたびユダヤ人の公職追放が始まる。それ以後、ユダヤ人は役人、弁護士、判事、医師などの職業に就けなくなった。この時代変化を受けてマルクスの父ハインリヒはユダヤ教を捨て、息子カールにもプロテスタントの洗礼を受けさせた。こうした経緯を考えれば、マルクスの父ハインリヒがフランス革命の信奉者であったことは容易に想像がつく。息子のカールも、この父を通じてフランスの啓蒙主義哲学、特にヴォルテールとルソー（一七一二—七八）に親しんだのではないかと、マルクスの娘エレナーが後に語っている。

父の他にもう一人、少年マルクスに大きな影響を与えた人物がいた。それは、マルクスが生まれる少し前にトリーア県庁の参事官として赴任したプロイセンの役人ヴェストファーレン男爵《だんしゃく》だった。マルクスの父とも親しかった男爵もまた進歩的な考えの持ち主で、何よりも読書を好む教養人だった。豊富な古典文学の知識を持ち、少年時代のマルクスにホメロスやシェイクスピアのセリフを暗唱して聞かせたという。『資本論』にはシェイクスピアの『ヴェニスの商人』や『アセンズのタイモン』の引用をはじめ、バルザック、ダンテ、ゲーテなどへの言及がある。こうしたマルクスの文学的素養の一部は、少年時代から続いたヴェストファーレン家との交流の中で育まれていった。この男爵の評判の娘イェニーは後にマルクスの終生の伴侶《はんりょ》となる。

反動的なウィーン体制の始まり、フランス化したトリーアという都市、ユダヤ系の出自という この三つの要素が、いずれも成長期のマルクスに、フランス啓蒙主義への愛着と反動的なプロイセン国家への反発を育んだであろうことは想像に難《かた》くない。

大学卒業までの歩み

フランスで七月革命が勃発《ぼっぱつ》した一八三〇年、マルクスは十二歳でギムナジウム(大学進学を前提とした中等学校)に進学している。ここで人文社会自然科学全般にわたる学科目の他、ギリシャ語、ラテン語、フランス語、ヘブライ語などを学び、特に作文や文法で才能を発揮したという。修辞学的センスの卓越性は、後年の著作にも存分に活かされている。

トリーアでは、ギムナジウムにも親フランス派と親プロイセン派の教師がいた。マルクスにとって幸いだったのは、入学当時、親フランス派の共和主義者で父の友人でもあるヴィッテンバッハが校長を務めていたことだ。マルクスは敬愛するこの教師から多くのことを学んだ。

ハレー彗星《すいせい》が地球に接近した一八三五年、マルクスはトリーアからモーゼル川を下り、コブレンツからライン川を下ってボンに向かった。ボン大学に入学するためだ。この大学でもフランス啓蒙主義とプロイセン国家主義との対立構図はマルクスの学生生活に濃い影を落とした。そもそも、このボン大学はマルクスが誕生した年に、プロイセンの国策によって新設された大学だった。ライン地方には親フランス派の自由主義者やカトリック教徒が多い。そこにプロテスタントである東部のユンカー（土地貴族）層の子弟を送り込み、両者の融合と和解を進めながら、新しい国家支配層を養成するのがその狙《ねら》いだった。しかし、両者の同居は和解よりもむしろ絶えざる摩擦を生み出した。マルクスも勉学のかたわら飲酒や詩作、保守的なプロイセン学生組合との喧嘩《けんか》に思春期のエネルギーを傾けた。

息子を法律家にすることを望んでいた父は、ボン大学でのカールの行状に落胆し、彼を翌年ベルリン大学に転校させる。イェニー・ヴェストファーレンとの熱烈な恋愛が婚約にまでこぎつけたのもこの時期だった。ベルリン大学でも法学の勉強よりは詩作や劇作に熱中したようだが、その後の人生に決定的影響を与えたのはヘーゲル哲学との出会いだった。ヘーゲル自身は、マルクスがベルリンで勉強を始める数年前にすでに他界していたが、その哲学はまだ絶大な影響力を保っていた。中でもマルクスは、法制史のガンス教授の講義と著作に感銘を受け、またヘーゲル左派（青年ヘーゲル派）が集まる「ドクタークラブ」という知識人サークル（一八三七年創設）に加盟した。

後述するように、ヘーゲルは世界史の発展を、自由の実現に向かう絶対精神の発展として哲学的に把握しようとした。その歴史哲学には、人間の意識を分析するための道具立てで世界史の発展を記述しようとする観念論の残滓《ざんし》があった。しかし、同時にヘーゲルは市民社会の矛盾と葛藤を冷静に観察し、アダム・スミスの分業論や市場論に潜む哲学的含意を正確に理解していた。

　市民社会は一方では私的利害がぶつかりあう「欲求の体系」だ。しかしもう一方では、他者との分業を必要不可欠とする全面的な「相互依存の体系」でもある。したがって市民社会には人間が絶えざる闘争と相互交流を通じて内発的に倫理と自由を実現していく可能性が含まれている。そこに注目するヘーゲルの哲学は、自由と解放の哲学としての性格を持っていた。

　しかしヘーゲル哲学にはもう一つの側面があった。市民社会は自らが生み出す争いを自力で和解させることができず、それは倫理的国家によってはじめて解決されうる。そう主張するヘーゲル哲学はまた、秩序と統治の哲学でもあった。ヘーゲル哲学には当初から革新的解釈と保守的解釈の両方を許す二面性があったということだ。ヘーゲル左派と呼ばれるダーフィト・シュトラウス（一八〇八―七四）、フォイエルバッハ、ブルーノ・バウアー（一八〇九―八二）、マルクスなどは前者の立場から、ヘーゲル哲学の批判的・無神論的部分を継承した。

　一八四一年、マルクスの大学生活は『デモクリトスの自然哲学とエピクロスの自然哲学の差異』（一八四一）と題する博士論文の提出によって締めくくられる。論文提出後、マルクスはボン大学で講師の職にあった友人かつ先輩格の神学者バウアーを頼って、一時ボンに身を寄せている。当時のバウアーは共観《きょうかん》福音書（マタイ、マルコ、ルカ）を作者の主観が投影された神話と見なす、ヘーゲル左派のラディカルな聖書解釈に接近していた。

ジャーナリストから亡命へ

ところがこの頃プロイセンでは、時代の風向きがふたたび変わろうとしていた。一八四〇年に新しくプロイセン国王に即位したフリードリヒ・ヴィルヘルム四世は、自由主義への一定の理解を示しながらも、ロマン派的な宗教性を好んだ。この王のもとで、一八四一年にはヘーゲルの死後空席となっていたベルリン大学哲学教授のポストにシェリング（一七七五―一八五四）が招聘《しょうへい》された。テュービンゲン大学神学寮の学生時代にはヘーゲルやヘルダーリン（一七七〇―一八四三）とともにフランス革命に歓呼《かんこ》したシェリングだが、ベルリン大学に招聘された頃には、神話や啓示宗教の研究に沈潜《ちんせん》していた。シェリングの招聘は、ヘーゲル左派の社会批判や急進思想に対する防波堤を築く意味もあっただろう。シェリングの就任講義には、政府や軍の高官、教授たちの他、キルケゴール（一八一三―五五）、歴史家ブルクハルト（一八一八―九七）、法学者サヴィニー（一七七九―一八六一）、歴史学者ランケ（一七九五―一八八六）、地理学者アレキサンダー・フンボルト（一七六九―一八五九）など当時の錚々《そうそう》たる知識人が出席している。そこには無政府主義者バクーニン（一八一四―七六）やエンゲルスの姿もあった。シェリングへの期待はまもなく失望に変わったが、ヘーゲル哲学が万能だった時代もまた終わりを告げ、ヘーゲル左派に対する風当たりが強まっていく。

こうした中、一八四二年にはバウアー自身がキリスト教批判の著作によって大学を罷免《ひめん》され、これによってマルクスが大学で職を得る見込みは完全に絶たれた。ここからマルクスの、ジャーナリスト、亡命者、革命家、活動家、理論家としての長い闘いの年月が始まる。

ジャーナリストとしてのデビューは、一八四二年に創刊された《ライン新聞》への寄稿だった。《ライン新聞》は大手の《ケルン新聞》に対抗して、ライン地方の進歩的ブルジョワジーのために刊行された新聞だった。反動化したプロイセン当局に対抗するため、ヘーゲル左派に近いマルクスの友人たちが編集に加わっていた。マルクスは同紙に「第六回ライン州議会の議事」と題する論評を寄稿し、皮肉と罵倒《ばとう》の入り混じった一流の文体でプロイセン政府を批判した。ライン州議会はもともと一八二〇年代にプロイセン政府によって制定された身分制議会で、議会の審議や議事録は非公開だった。マルクスはこの論文で、出版の自由を基本的人権として擁護する論陣を張った。マルクスはこの他にも、共有地での木材窃盗《せっとう》問題、土地の所有権分割、自由貿易と保護関税などに関する記事を執筆し、次第に実務的な経済、法律問題をはじめ、国家や私有財産についての認識を深めていく。しかし、マルクスが編集長を務めるようになったこの新聞も、ロシア政府を批判したことでプロイセン国王と親しくしていたロシア皇帝の不興《ふきょう》を買い、年明けの四三年春には廃刊を余儀なくされた。

その同じ年、マルクスは七年来の婚約者イェニーと結婚し、新妻とともにパリに移住する。マルクスは二十五歳、四歳年上の新妻は二十九歳になっていた。こうしてプロイセン当局に追い立てられながらの長い亡命生活が始まる。パリでは友人アーノルド・ルーゲ（一八〇二―一八〇）とともに雑誌『独仏年誌』一・二号合併号を刊行し、最初期の二つの論文「ヘーゲル法哲学批判序説」と、次章で取り上げる「ユダヤ人問題によせて」を寄稿した。ここからいよいよマルクスの社会哲学が少しずつ姿を現してくる。

二　なぜ宗教論争から始まったのか

近代化と伝統

次章でマルクスの論文「ユダヤ人問題によせて」を紹介する前に、一つだけどうしても説明しておかねばならないことがある。それは、なぜヨーロッパの社会哲学があれほどまでに深く「宗教問題」に関わらざるを得なかったのかということだ。本章では次章の準備として、いったんマルクスの時代から二百年ほどさかのぼり、ヨーロッパの初期市民社会の政治理論を振り返っておきたい。

本格的な資本主義的近代化は西欧諸国から始まった。そのため、この先発事例は長らく近代化の標準モデルとみなされてきた。これを基準にして他地域の近代化を「遅れた近代化」、「不完全な近代化」、「偏った近代化」などとみなす傾向が、今でも時に見られる。しかし、各地域にはそれぞれ特殊な歴史事情がある。特に前近代社会の基礎に刷り込まれている世界宗教が近代化の過程にどのような反応や抵抗を示すかは、地域や文化圏によって大きく異なる。

近代化にはたしかに、文化や宗教の違いを超えた一般的条件が必要だ。貨幣経済の浸透、市場の拡大、農業から工業へのシフト、農村の余剰人口、都市への人口流入、工業生産技術の向上といった経済的・技術的な条件の他、民衆の識字《しきじ》率の向上、官僚制度、法体系、教育制度などの整備、あるいは地域を超えて通用する標準語や国民意識の発展なども時に重要な役割を果たす。近代化には、それを全体として支えるための一定の合理的・技術的な下部システムが必要とされる。この下部システムが一定条件を満たしたとき、資本主義的近代化が本格的に始まる。

しかし、近代資本主義社会がこうした合理的・技術的処理能力だけで維持できると考えるのは錯覚にすぎない。資本主義社会も社会である以上、前近代から続く伝統組織、支配的宗教、そのもとでの人々の習慣行動、倫理観、情緒的結合などを土台として維持されていることに変わりはない。そこには共同体が守り伝えてきた慣習や儀式がさまざまな形で残り、社会成員をつなぎとめる接着剤の役目を果たしている。

片や、資本主義的な近代化が次々と繰り出す合理化要求があり、片や、集団の統合を維持するための伝統資源がある。この両者の間にはいったいどんな関係があるだろうか。

最初に目につくのは両者の対立関係だろう。資本主義には伝統的な接着剤の効き目を絶えず弱め、集団を解体していく力が備わっている。それは今日でも日々観察される現象だ。現代の私たちは、メディアを通じてさまざまな国の生活風景を垣間見ることができる。そこでも資本主義経済の勝利行進は見紛うべくもない。国際資本が経営するコーヒーショップでスマートフォンに見入る若者たちの姿は、宗教や文化や言語の違いを軽々と超えて世界中の都市で観察される。産業の原材料は地球上のあらゆる場所から調達され、無国籍化した生産物は世界中の都市に送り出される。多様化する消費文化は人々の間に新たな欲望を芽生えさせ、伝統衣装をジーンズに変え、伝統食をファーストフードに置き換える。そして多国籍企業がナショナルな産業を淘汰していく。

こうした趨勢《すうせい》を見れば、宗教や文化の違いなど資本主義文明の前ではまったく無力に思えてくる。資本主義はかつての「聖なるもの」を祭壇から引きずり下ろし、容赦なく社会を世俗化していく。宗教的伝統も長い目で見れば、マックス・ウェーバーが「脱魔術化」と呼んだ過程、すなわち、科学的合理的思考による空洞化を免れず、歴史は合理化の勝利に終わるに違いない。そうなれば早晩、宗教はかつての社会統合力を失い、もっと実利的で科学的な世界観に取って代わられるだろう。これが一つの見方であり、実際こんなふうに多くの人が信じていた時代もあった。

しかし、これは一面的な観察にすぎない。よく目をこらせばもう一つ別の側面も見えてくるだろう。資本主義に覆《おお》い尽くされたように見える世界でも、一歩境界線を跨《また》ぐと、言語、文化、宗教、慣習、道徳、家族形態、衣食住にいたるまで、驚くべき多様性を持った社会が厳然と存在している。境界線は複雑かつ流動的だが、さまざまな生活形式がその境界線を挟んで互いに共存、対立、融合しあいながら、その独自性を保ち続けている。どんな経済体制でも社会的結束なしには一日たりとも存続できない。だから資本主義社会もまた、自分自身が解体している社会的紐帯を絶えず補修し、強化しようと努めている。その求心力の有力な補給源となっているのは、今もなお前近代社会の伝統、特にその中核をなす世界宗教の遺産だ。ヨーロッパならばもちろんキリスト教が、日本であれば儒教や仏教、あるいは両者と習合してきた神道が、必ずしも意識されないままに習俗、社会秩序、倫理観、死生観、自然観などに浸透し、人格形成や人間関係にも影響を与えている。実のところ、識字能力、科学的思考、官僚組織、法、形式的道徳といった合理性の基盤も、その多くは制度化されたかつての世界宗教の胎内で育成されてきたものだ。伝統的宗教と資本主義的近代化との関係は、このようにきわめて複雑で相互補完的なものだ。

ではなぜ、ヨーロッパでは資本主義的近代化と既成宗教との対立関係が、日本の場合とは比較にならぬほど、社会哲学上の大問題になったのか。これは非西欧圏に住む観察者にとって興味深い問題だ。

ヨーロッパにおける資本主義の発展を振り返ってみると、一つの歴史的な特徴が浮かび上がってくる。マルクスは「世界商業と世界市場の出現によって一六世紀に資本の近代生活史が幕を開ける」(Ⅳ・二二七頁)と書いているが、まさにこの十六世紀という時代に、ヨーロッパでは宗教改革が、すなわちカトリック教会の内部分裂という深刻な理念闘争が重なり合った。

資本主義の幕開けと宗教改革との間にどのような必然的・偶然的関連があったのかという難問

は歴史研究に任せよう。いずれにせよ、ルターの神学論争に端を発した宗派対立は、ドイツ農民戦争、シュマールカルデン戦争、アウクスブルクの和議を経て、ユグノー戦争、そして八十年に及ぶネーデルラント諸州の独立戦争、三十年戦争へといたる、百二十年以上にわたる未曽有の戦いと殺戮《さつりく》の連鎖を引き起こした。ヨーロッパ大陸を荒廃させたこの一連の戦争は、ヨーロッパ最後の宗教戦争であったと同時に、後のナポレオン戦争や二つの世界大戦へと続く欧州の多国間戦争の始まりでもあった。この戦争は近代国際法の端緒《たんちょ》とも言える一六四八年のヴェストファーレン（ウエストファリア）条約によって新旧キリスト教をそれぞれの領邦や国家に服属させる形で終結する。以後、ヨーロッパの国際秩序は各主権国家の勢力均衡によって保たれていく。この体制は近代ヨーロッパ諸国が宗教戦争の廃墟から学んだ、紛争の一時的棚上げ措置、一種の暫定《ざんてい》協定としての性格を持っていた。

だから、近代化の緒《ちょ》についた国々が一番神経をとがらせたのは、宗派分裂によって脆弱《ぜいじゃく》化した社会にいかにして安定的秩序を確立するかという政治課題だった。カトリック教徒とカルヴァン派のどちらに政治的主導権を与え、他方をいかにして懐柔ないし抑圧するかは、失敗すればただちに内乱や外交破綻、さらには対外戦争をも招きかねない敏感な問題だった。各主権国家は内乱の芽を摘《つ》み取るために諸宗派を政治的に武装解除し、宗派対立を非政治化された生活領域に封印する方向を目指した。現実はともかく少なくとも建前の上では、各国とも信教の自由と寛容原則を標榜《ひょうぼう》し、宗派間の平和共存を促すことになる。もともとは国家による教会資産の没収を意味した「世俗化」という言葉は、やがて主権国家の世界観上の中立性を示唆する用語と化していく。

宗派間戦争は、このようにして宗教権力を凌駕《りょうが》する中央集権的な主権国家の台頭を促した。特に、内戦を経験したイギリス、スペインからの独立を勝ち取ったオランダ、そして絶対王政のもとで強大な中央集権国家を作り上げたフランスの三国は、十七世紀を通じて互いに力の均衡を保ちながら戦争と外交戦略を展開していく。イギリスのウィリアム・ペティ（一六二三―八七）がこの三国の国力を数値化しようとしたのもこの頃だった。これが後の経済学の端緒となる。

中央集権化した近代国家は、常備軍や官僚制度を維持するために大きな財源を必要とする。そこで十七世紀に入ると、イギリス、オランダを筆頭とするヨーロッパ列強は、貿易収入でこれを補うべく次々と勅許《ちょっきょ》会社を設立した。長崎の出島に商館を設置したオランダ東インド会社もその代表格だ。勅許会社は交易独占権のみならず、時に外交権や交戦権まで付与され、各国の植民地支配の一翼を担った。植民地からの貴金属採掘や貿易収入による国富拡大を目指す経済政策は後に重商主義と呼ばれるようになる。こうした政策は対外緊張を誘発しやすく、いったん戦争になれば国家財政は一層圧迫され、さらなる拡張主義を促すという悪循環が始まる。

この重商主義政策の一端を担うことで、ブルジョワジーは着実に経済的・政治的実力を蓄えていった。しかし、彼らの前には絶えず身分制社会が立ちふさがる。しかも打破すべき身分秩序は宗教的権威によって守られていた。ここが決定的に重要な点だ。

王権や身分制度は神の定めた秩序であり、天体の運動と同様に、個人の意志に先立って存在する宇宙的秩序の反映にほかならない。これが、アリストテレスの政治学に依拠した既成権力の教えだった。この身分制社会に風穴を開け、ブルジョワ階級が本格的に台頭しうるためには、財力にものを言わせて利権を拡大するだけでは十分ではない。それに加えて、国家の基礎を宗教的権威から解き放ち、政治権力を世襲身分から切り離しうるような政治哲学が必要だった。

こうしてブルジョワ知識人たちの理論的挑戦が始まる。目指すは、王権神授説《おうけんしんじゅせつ》を論破し、非宗教的な主権の基礎づけ論を確立することだった。簡単に言えば、既存の宗教権力と台頭する市民階級が、理念の上で、国家権力を奪い合ったということだ。ここが日本の場合と大きく異なる。日本では西洋思想と伝統思想の対立と宥和が、近代化の中心的テーマとなった。しかし伝統宗教との対決は大きな問題とはならなかった。西欧の近代化過程を見る時には、この違いをつねに念頭に置いておく必要がある。

社会契約説というプロジェクト

国家権力の正当性の源泉を、宗教的権威から切り離して市民の自発的な立法行為へと移し替えること。これが、宗教戦争後の市民階級にとって避けられない社会哲学的課題だった。この課題に答えようとした試みの一つが、近代の社会契約説と呼ばれる政治理論だ。これは上に述べてきた理由から、きわめて「ヨーロッパ的」な理論と言える。それだけに日本人にとっては分かりにくい理論かもしれない。しかし、この理論に含まれている社会哲学上の含意と、その問題点を整理しておくことは、西欧近代の社会哲学を理解する上できわめて重要だ。

社会契約の考え方そのものは古くからあるが、その近代的バージョンの特徴は、国家の起源を近代科学の手法にならって説明しようとした点にある。まずは国家ができる以前の「自然状態」というものを想定する。次にその自然状態の中から、どんな問題が生じてこざるを得ないかを、頭の中で実験的に組み立ててみる。そして、その問題解決のためには何が必要かを、因果論に基づいて推論する。そして最後に「社会状態」、すなわち彼らが密《ひそ》かに望んでいた形での政治社会設立の必然性を説く。もしこれがうまくいけば、国家主権を神の計画によって権威づけようとする王権神授説への、有力な反論となるだろう。

この種の論法は、十七世紀のイギリスの哲学者ホッブズ（一五八八―一六七九）やロックの著作にその端緒を見ることができる。それはまた次の世紀に活躍したフランスのルソーやドイツのカントにも引き継がれていく。彼らはいずれも今日の分類で言う「自然科学」を学んだ哲学者たちだった。けっして宗教や神を疑ったわけではないが、国家のあり方を宗教の権威を借りずに正当化しうるような、一種の世俗的な理論空間を創り出すことに貢献した。

では、出発点となる自然状態とは具体的にどんな状態なのか。そこからどんな事態が発生し、人々はどのようにそれを解決しようとするのか。これについての意見は論者によってさまざまだ。

ホッブズは、ヨーロッパ大陸を荒廃させた三十年戦争（一六一八―四八）や、清教徒革命とも呼ばれるイギリス内戦（一六四一―四九）時代の哲学者だった。だからそれにふさわしく、自然状態とは「万人の万人に対する闘い」、つまり潜在的な戦争状態だと想定した。そんな状態に置かれた人々は、やがては身の安全を求めて互いに約束を交わし、絶対的な主権者に権力を委ねる決断をするに違いない。これがホッブズの推論だった。ちなみにホッブズの著書『リヴァイアサン』（一六五一）が出版されたのは、ヴェストファーレン条約締結の三年後のことだった。

他方、少し後のイギリス王政復古期に活躍したロックは、自然状態をもっと平和な共存状態であると考えた。そのイメージの原型となったのは、戦乱のヨーロッパ大陸ではなくアメリカの植民地だった。これが十八世紀フランスの哲学者ルソーになると、イメージはもっとロマン派風になっていく。彼は自然の中で気ままに暮らす孤独者たちの平和共存を想像した。

しかし、いずれの哲学者にも共通していたのは、自然状態では万人が「自由」かつ「平等」だったという想定だ。人間行動をあらかじめ縛る道徳や法が存在しない以上、人々は絶対的な自由を享受していたはずだ。また社会や国家が存在しなければ、生まれながらの身分など存在するはずがない。このように彼らは、自然状態のもとでの万人の自由平等を想定し、その上でなぜ人々が自発的意志に基づいて国家を作ろうとしたかを「論証」した。この論法によって王権神授説を切り崩すことが彼らの狙いだった。

社会の発生の源に「自由かつ平等」な個人を据え、それを神から直接与えられた不可侵の自然権とみなしたということ、これはまさに社会哲学上のコペルニクス的転回だった。

中世スコラ学の自然法は、神の意志に起源を持つ宇宙的道徳秩序を想定していた。被造物の世界には人間の意志や知性を超えた一つの必然的規範と知的秩序が超越的・先行的に行き渡っている。人間存在はこの秩序に自らを合わせ、その秩序に忠実であるように拘束されている。これが中世自然法の教えだった。

ところが今や人間は、自分が生きる社会秩序を、国家や法や裁判機構や教会に先立ち、自らの意志と知性に従って創作する存在として再定義された。それは、理論的には中世自然法の認識論的大転換であり、実践的には台頭する市民の解放宣言だった。もちろんそれは現実から乖離した、事実に反する宣言にすぎなかった。しかしこの宣言はやがて社会を根底から揺るがすことになる。現代にいたるまで、あらゆるリベラル派、革新派、進歩派の行動と思想の源泉となっているのは「人間は生まれながらにして自由かつ平等な存在だ」という、この近代的な自然法の宣言にほかならない。身分制社会に幕を引いた近代社会がその後いかに多くの矛盾と歴史的悲惨を生み出してきたとしても、この宣言こそは、ヨーロッパ市民社会が人類史につきつけた貴重な普遍主義的要求だった。この宣言までもヨーロッパ地域文化の特殊性に解消してしまうのは不適切だ。

ただし、直ちに付け加えておかねばならないのは、この宣言の上に築かれた社会契約説が、社会理論としてはきわめて大きな欠陥を抱えていたということだ。ここでは三つの点を指摘しておきたい。第一は、社会契約説が社会に先立って存在する、自由、平等な「個人」を想定するという別種の形而上学を含んでいたことだ。かつて宇宙的道徳秩序の源泉であった神は、今や社会の創設者としての個人の内面に移された。しかし「はじめに個人ありき」という想定は、「はじめに神ありき」という想定と同様に、社会に対して第一原因として振る舞いうる超越的な特権者の存在を前提としていた。この点では、中世自然法と近代自然法は連続している。社会契約説もまた、中世自然法と同様に、社会現象の原因を社会自身の内にではなく、社会を成立させている先行的条件の内に探し求めた。その意味で両者はともに超越論的な理論構成をとる社会理論だった。

第二は、社会契約説が自然状態から社会状態への移行過程を演繹的推論によって論証できると考えていたことだ。この問題は第六章以降で詳しく論じるが、社会形成には、因果関係の連鎖をたどる演繹的推論では説明できないような、目的論的な性格がある。

第三は、社会契約説が、市民階級の私的利益を正当化するための論理を隠し持っていたことだ。これはまさにマルクスが着目した点で、これについては次章で詳しく論じていきたい。

最初に孤立した個人を想定し、そこから生じることを思考空間の中で演繹的に再構成し、最後は市民階級に好都合な結論を出す。こうした観念的で抽象的な、しかも私的利害を隠し持った社会理論は、いかに立派な人権思想を標榜していても胡散臭《うさんくさ》く見られるのは当然だろう。現代にいたるまで、あらゆる体制派、保守派、伝統派の行動と思想の源泉となっているのは、この種の市民社会論に対する懐疑だろう。

一方には「人間は生まれながらにして自由かつ平等な存在だ」というリベラル派、革新派、進歩派の主張があり、他方には「人間は生まれながらにして社会と伝統の中に生を享けており、社会の存在意義を、孤立した個人の合理的推論や私的利益に還元することはできない」という体制派、保守派、伝統派の主張がある。二十一世紀の社会理論は、この両者の主張を不毛な対立へと追い込むことなく、それぞれの主張に相応《ふさわ》しい地位を与え得るものでなければならない。その第一歩として、本章ではロックの市民政府論を、次章ではマルクスの自由主義批判を見ておくことにしたい。

三　ロックの市民政府論

経済行為の正当化

台頭する市民階級のための社会理論を作り上げるには、まずはアリストテレスの政治学が想定していた身分制度に風穴を開ける必要がある。それゆえ社会契約説は、自然状態における万人の自由平等を議論の出発点に据えた。

しかし、ブルジョワジーの台頭を正当化するには、これだけではまだ十分ではない。ブルジョワジーは何より私的な利潤追求をする「経済人」だ。だからブルジョワジーのための政治哲学は、生産労働や商取引を通じた富の蓄積をも正当化できなければならない。大土地所有を基礎とする身分制社会には、一般に商業や貨幣経済を蔑視《べっし》する傾向があったからだ。

たとえば古代アテナイのポリスでは、生産労働は主に奴隷の仕事だった。成年男子からなる正式な市民には、生産活動よりもむしろ、良き政治秩序を作り出すための意志と能力が要求された。重視されたのは広場での演説と討論、軍事訓練、運動競技、共同体の一体性を高めるための祭典や演劇活動への参加だった。各部族の生産活動や財産管理のための「家政学」(オイコノミカ)は、ポリスに先立つ原初的な共同体であるオイコス(家)の秩序に関わる学で、ポリスの「政治学」とは理念的に切り離されていた。だから私的な利潤を追求する経済人が、その資格で政治共同体に侵入し、権力を担うのは、ポリスのあり方としては堕落した形と見られた。プラトンはこうした理由から、民主制に懐疑的だった。民主制は私的利益を求めがちな民衆に権力を与えることになるからだ。このように経済(オイコス→エコノミー)を政治(ポリス→ポリティクス)よりも一段低い営みとみなす態度は封建社会にも受け継がれた。それゆえ「経済主体」としてのありかたを正当化することは、ブルジョワ政治哲学の大切な課題の一つだった。

この点で大きな貢献をしたのはジョン・ロックだった。ロックの自然状態には一見したところ近代ブルジョワジーの姿はない。しかし注意深く読んでみると、ロックの議論にはじつに巧みにブルジョワジーの擁護論が隠されていることが分かる。後世のマルクスによる批判を理解するためにも、このロックの議論を少し詳しく見ておきたい。

ロックは、ホッブズとは対照的に、自然状態を人々の平和な共存状態とみなした。ではなぜ自然状態で人々は平和に共存できるのか。なぜ人々は他者と争うことなく生きていけるのか。それは、食糧や生活必需品を自分で調達できたからに違いない。では何が、必要物資の自己調達を可能にしたのか。それは人間の労働以外にはありえない。ロックの自然状態が平和共存の世界としてイメージされるのは、実のところ労働による自給自足という暗黙の前提が構想に織り込まれていたからだ。そこにはアメリカ植民地のイメージが重ねられていた。もちろん、植民地が本国イギリスから実際に独立するのはロックの死後七十年以上も経てからのことだ。それでも新大陸の開拓は、政治社会設立に向かう自然状態のイメージにはぴったりだった。ロックはその自然状態の中に「労働による生産物の私有」というブルジョワ的観念をさりげなくもぐり込ませた。

誰の所有地でもない森の中に樫《かし》の樹がある。自然状態にある私が、その根元に落ちているドングリを拾って食糧にした。その時点で私はこのドングリを私的に占有したことになる。

では聞こう、いったいいつそれが彼のものとなり始めたのか。彼が消化した時か、彼が食べた時か、彼が煮た時か、家へ持ち帰った時か、あるいはそれを拾い上げた時か。ところでもし彼が最初採集した時それが彼のものとなったのではないとすると、それ以外に何をしたってそれが彼のものとなり得なかったことは明白である。そこに労働がなされたということが、この果実を共有物から区別する。労働が、万物の共同の母たる自然がなしたより以上のなにものかを、それに付け加えたのである。*3

誰もが同等の所有権を持つはずのドングリが、なぜ私の私有物になるのか。何がドングリに「私有物」としての性格を刻印するのか。それは、ほかならぬ「私の労働」だとロックは言う。労働によって共有物は私有物と化す。しかもそれは、社会の約束や合意による法的な決定ではない。なぜといって、自然状態には国も法律もまだ存在していないからだ。強いて言えば、それは神の定めた自然法による決定だ。こうしてロックは労働による所有権を、国家設立に先立つ自然法によって与えられたものとして正当化した。

これはじつに重要なポイントだ。なぜならこの論法によって、労働による所有権が国家の上位概念となったからだ。後に分かることだが、ロックの国家はむしろ、この所有権の保護を命じられた見張り番として呼び出される。これを後世ラサールが「夜警国家」と呼んだことはすでに述べた。そこでは所有こそが「目的」であり、国家は「手段」にすぎない。しかも同時にロックはこの論理によって、所有の格差を本人および祖先の労働投下の格差として正当化するための理論的道筋もつけることができた。

ただし、とロックはさらに議論を進める。では私がせっせと働き、そのドングリを採りつくして全部自分の所有物にしてしまってもよいだろうか。いや、それは駄目だ、とロックは言う。それはなぜか。そんな大量のドングリは私一人では食べきれないからだ。かといってどこかに貯蔵しておけば、やがては腐ってしまう。他の人が同じように労働を通じて食糧にできたはずのドングリを、私は欲をかいて無駄に腐らせてしまった。それは神の配慮に逆らって他人のものを奪ったのと同じことだと、ロックは言う。

つまりロックは、生存に必要な労働は共有物を私有物に転化しうるが、貪欲を満たすための労働は、たとえそれが自分自身の労働であっても、共有物を私有物には転化できないと主張していることになる。こうしてロックは、労働による所有を自然権として承認する一方で、富の過剰蓄積に歯止めをかけようとした。

貨幣による富の正当化

では、ドングリを自分が食べきれるより多く採ることは許されないのか。いや、そんなことはない、とロックはまた考える。ここからロックの卓抜な議論の第二弾が始まる。

要は、神が人間のために用意した果実を無駄にしなければ良いのだから、それには「交換」という方法を使えばよい。一週間で腐るスモモを多く採りすぎてしまったら、食べきれない分のスモモを、一年間保存がきくクルミと取り替える。あるいはそのクルミを貴金属と交換すれば、もっと永続性がある。腐らず、劣化せず、いつまでたっても価値が減らず、けっして無駄になららないようなものにさえ交換できれば、過剰採取は無駄の原因にはならない。そんな便利な交換手段があるだろうか。ある、というのが、もちろんロックが密かに準備している答えだ。

> 自分の使用し得る以上に蓄積することは、不正直であるばかりでなく、実にまた馬鹿なことでもあった。もし彼が、自分の所持しているものが無用に滅失《めっしつ》しないように、その一部を他の何人かに譲り渡すなら、これもまた利用したことになる。それからまた一週間で腐ってしまう李《すもも》を一年間は十分食用として保《も》つところの胡桃《くるみ》と交換したとすれば、これもまた人に害を及ぼすものではないのである。彼は共同の資源を浪費しなかった。自分の手中で無駄に何ものも滅失しなかった以上、他人に属する物の一部分といえども壊滅したことにならないのである。さらにまたもし彼がその胡桃を、色彩が気に入って一片の金属と交換し、あるいは自分の羊を貝殻と、あるいは羊毛をキラキラ光る小石またはダイヤモンドと交換し、それを一生自分のものとして保存するとすれば、彼は決して他人の権利を侵したことにならない。彼はこれらの永続性のあるものを、その欲するだけ蓄積して差支えなかった。自分の正当な所有権の限界を超えたかどうかは、その財産の大きさのいかんにあるのではなく、何かが無用にそこで滅失したか否かにあるからだ。*4

「このようにして、貨幣の使用が始まった」とロックはこの文章に続けている。こんな論法でロックは貨幣経済を、国家以前の自然法的発展の中にすべり込ませた。腐敗も劣化もしない貨幣こそは過剰生産物を無駄にしない正当な手段だ。これでようやく勤勉な人は心置きなく働き、稼ぎ、貯蓄できるだろう。貪欲による過剰蓄積も貨幣をもってすれば正当化できる。

ただし、そうなると当然ながら、勤勉な人と怠惰《たいだ》な人との間に格差が生まれる。格差の出現は持たざるものの嫉妬を掻き立て、他者の所有物を奪い取ろうとする誘惑を高めるだろう。それが現実になれば「労働による所有権」という自然法上の権利が侵害される。したがって所有者が自衛権を発動し、泥棒を捕まえたり、場合によってはみずから処刑したりすることは、これまた自然法の執行権に属する。

しかし、各自が勝手に自然法執行権を行使したのでは、当然ながら紛争状態が発生しうる。それゆえ何人かの人々が自分たちの間でその自然法執行権を放棄し、それを公共に委ねることに合意すれば、そこにはじめて政治的社会あるいは市民的社会が成立する。これがロックの市民政府論の中心的主張だ。

> それ故どこででも、何人かの人々がおのおの自分の自然法執行権を棄《す》てて、これを公共に委ねるような仕方で一つの社会を結成するならば、そこに、そうしてまたそこにのみ、政治的または市民的社会が存するのである。[*5]

　こうしてはじめて自然状態は社会状態へと移行する。その時から市民は立法機関を樹立し、自分たちに代わって法を作る権限を立法機関に授権する。そして立法府またはそれが指名する為政者が国家構成員の間に起こる一切の争いを法のもとで裁決する。だから市民が合意した立法府を持たないような専制支配国家は、どんなに武力を備え、主権を主張してみても、ロックの目から見ればまだ「自然状態」に置かれている擬似国家にすぎない。

　それ故絶対君主政は、人によってはこれを世界の唯一の政府形態と見ているのであるが、実際は市民的社会と相容れず、市民的政府の形態では決してあり得ないということは明白である。*6

ロックの市民政府論の特徴

　以上がロックの構想する市民政府の概要だ。ここでは後のヘーゲルの市民社会論、マルクスの資本主義論との関連で、ロックの市民政府論の特徴を以下の三点にまとめておきたい。

　第一の特徴は、ロックの市民政府論の出発点が「労働による所有権の発生」という論拠に置かれていたことだ。人間は自分の労働の唯一の所有者だ。それゆえ、人間は自らのうちに所有権の基礎を持っている。自然は共有物であっても、労働は完全に「個人」のものであり、それゆえ労働生産物は他者との「共有物」ではなかったと、ロックは強調している。

> たとえ自然の事物は共有のものとして与えられていても、人間は、自分の主人であり、自分自身の一身およびその活動すなわち労働の所有者であるが故に、依然として自分自身のうちに所有権の大きな基礎をもっていたということ、そうして彼が自分の存在の維持ないし慰安に用いたものの大部分をなすものは、発明および技術が生活の利便を改良するようになって以来は、完全に彼個人のものであり、けっして他人との共有ではなかったということである。*7

労働についてのこの考え方は、後のマルクスの議論を見ていく上でもきわめて重要だ。人間は自分の主人であり、手足が自分の所有物であるように、自分の労働も自分の所有物だ。だから労働生産物の所有権は自分自身のうちに基礎をもっている。こう主張することで、ロックは労働が生み出す私的所有権を自然状態の中に埋め込み、所有権が国家に優越することを印象づけている。

労働による所有権の発生というこの論理には、ブルジョワジーにとって好都合な含意がもう一つ隠されていた。もし神が人間のために準備した土地に誰も労働を投入せず、ドングリやスモモが地面に落ちて腐っているとしよう。そんな状態を放置しておくことは、ロックの理論からすれば神の配慮に対する忘恩行為だ。ネイティブ・アメリカンが「無駄に」遊ばせている土地、不在地主が十分に活用していない農地などには、どんどん入植者や借地農業者が入り込んで労働による所有権を確立すべきだ。なぜといって、土地の生産力を上げることは、神の配慮に応える人間の責務だからだ。土地を自然状態に放置する人は、その土地に対する所有権を実質的に放棄しているのであり、そうであれば取り上げられても文句は言えないだろう。この考え方には、先住民や貴族の土地所有に果敢に挑戦する、ブルジョワジーの利害が透けて見える。

ロックの市民政府論の第二の特徴は、国家設立の目的が「私的所有権」の確保に置かれたという点だ。これは第一の特徴からの必然的帰結に過ぎず、ここが安全や平和の確立を最重要事項とみなしたホッブズとの違いだ。

人々が国家として結合し、政府のもとに服する大きな、また主たる目的は、その所有の維持にある。*8

市民は何よりも所有権を守らせる超越的な権力として国家主権を要請している。国家の主目的は所有権の保護であり、それによってはじめて平和もまた可能となる。これがロックの言い分だった。ここにはブルジョワ・イデオロギーとしての自由主義の萌芽がはっきりと認められる。

第三の特徴は、ロックがまだ市民社会と国家とをほとんど区別していなかったという点だ。ロックにとって重要だったのは、あくまで自然状態と社会状態との区別だった。そして婚姻や家族形成などは自然状態の中に位置づけられていた。後のヘーゲルは、経済主体が構成する「市民社会」と、政治主体が構成する「国家」とを明確に区別した。しかし、ロックの市民政府論の中ではこの二つはまだ渾然《こんぜん》と一体化している。

以上から分かるように、ロックの市民政府論には台頭する市民階級の二つの顔が分かち難く共存していた。一つは、自由で平等な主体として自発的に政治共同体を設立し、立法府を通じて主権者を擁立していく「政治主体」としての顔だ。もう一つは、自分の労働によって得た富を私有化し、その所有権を国家に保障させる「経済主体」としての顔だ。ロックの中ではまだ区別されないままに混在していたこの二つの顔は、十八世紀になるとまったく別の表情を帯びて乖離していくことになる。

シトワイヤンとブルジョワ

十七世紀の社会契約説の中に共存していた市民の二つの顔、つまり「政治主体」としての顔と「経済主体」としての顔は、次第に明確に乖離し始める。十八世紀にその乖離をもっとも鋭敏に感じ取り、両者の混同を鋭く批判した代表的知識人はジャン＝ジャック・ルソーだった。

ルソーは、自由で平等な人々の自発的結合によって形成される共同体を、古代ギリシャのポリスの理想に重ね合わせた。それはかつてシテ（cité）と呼ばれ、今では共和国あるいは政治体と呼ばれていると、ルソーは説明している。それは成員が成員すべての利益を共同の責任で実現する一つの公的人格だ。シテという言葉は英語のシティや、シティズンという言葉と通じる単語だが、源流をたどれば、アリストテレスが抱いていたポリスの理想に行き着く。それは個人にそなわる独自の本性を公平かつ最高度に実現する国家共同体とみなされていた。

これに対して経済単位としての個人や家族が集まっている都市を、ルソーはヴィル（ville）という別の名前で呼んだ。シテを構成する政治主体はシトワイヤン、ヴィルに集まる有産市民はブルジョワと称される。

> この語（シテ）の真の意味は、近代人たちのあいだでほとんど全く見失われてしまっている。近代人の大部分は都会（ヴィル）をシテと、また都会の住人（ブルジョワ）を市民（シトワイヤン）と取りちがえている。彼らは、家屋がヴィルをつくるが、シトワイヤンがシテをつくることを知らない。*9

ルソーが目指すべき理想としたのは、ブルジョワが私的利益をむさぼる経済都市ではなく、全員が全員の自由と平等を追い求めるようなシトワイヤンからなる政治共同体だった。このような普遍的要求を掲げる市民全員の共通意志を、ルソーは「一般意志」と名付けた。他方、個人的利益を目指す意志をルソーは「特殊意志」と呼んでいる。もちろん特殊意志が集団を形成しないわけではない。個人的利益を追求する人々が利益団体を結成することはつねに見られることだ。しかし、そのような集団的意志は単に特殊意志を足しあわせたものにすぎない。それゆえルソーはそれを「全体意志」と名付け、「一般意志」とは明確に区別した。この区別にしたがえば、シトワイヤンとは、あくまで一般意志を追い求めるシテの一員ということになる。他方、私的利益からなる全体意志に従うヴィルの住民はブルジョワにはなれてもシトワイヤンにはなれない。

すでに見たように、ロックの市民政府論にはシトワイヤンとしての市民の姿にまぎれて、ブルジョワとしての市民が深く潜入していた。それでもロックの時代にはまだ両者の間にそれほど深い亀裂は生じていない。当面の論敵は王権神授説を掲げる絶対王政の擁護者たちだ。それに比べれば市民概念の二重性などはまだ二義的な問題だった。ロックの最大の貢献は、立法府を国権の最高機関と位置づけたところにある。だからもし政府が、立法者である市民の意志を尊重しない場合には、市民はその政府に抵抗し、場合によってはそれを倒して新政府を樹立する権利を有するとロックは論じた。これはロックがみずから関与したイギリス名誉革命（一六八八―八九）のみならず、次世紀のアメリカ独立革命（一七七五―八三）やフランス革命（一七八九―九九）にも理論的武器を提供することになった。

たとえばアメリカ独立宣言（一七七六）には「すべての人間は平等につくられ〔……〕侵すべからざる権利を与えられている」と謳《うた》われており、不可侵の権利として生存権、自由権、幸福追求権が掲げられている。しかも「これらの権利を確実なものとするために人は政府という機関をもつ」と、政府の設立目的が説明されている。

またフランス革命時に出された人権宣言（一七八九）も、「人は生まれながらにして〔……〕自由、かつ権利において平等である」と宣言し、侵すべからざる権利として、自由権、所有権、安全権、圧政への抵抗権をあげている。政府設置の目的についても「すべての政治結社の目的は、奪うことを許されぬ人間の自然権を保持することにある」と明言している。こうした宣言文には、まごうことなくロックの基本思想がこだましている。

ただし、ここでも注意しておきたいことは、アメリカの独立宣言には「幸福追求権」という表現で、またフランスの人権宣言には「所有権」という表現で、さりげなく私有財産の不可侵性が書き込まれていたことだ。この二つの革命文書にも、ロックの市民概念の二重性がそのまま引き継がれていた。市民革命を代表する米仏二つの宣言には、シトワイヤンの一般意志に混じって、ブルジョワの特殊意志もまた身を隠していた。そしてまさにこの点に、次の世紀のマルクスは鋭い視線を向けることになる。

註

＊1　ジョナサン・スパーバー『マルクス――ある十九世紀人の生涯』上・下巻、小原淳訳、白水社、二〇一五年。以下の伝記的記述については、主に同書を参照した。
＊2　以下の記述については、スパーバーの伝記の他、次の著作を参照した。的場昭弘『トリーアの社会史――カール・マルクスとその背景』未來社、一九八六年。
＊3　ロック『市民政府論』鵜飼信成訳、岩波文庫、一九六八年、三三頁。以下、強調はすべて原文。訳文適宜改変。
＊4　同、五一頁以下。
＊5　同、九〇頁。
＊6　同、九一頁。
＊7　同、四九頁。
＊8　同、一二八頁。
＊9　ルソー『社会契約論』桑原武夫・前川貞次郎訳、岩波文庫、一九五四年、三一頁、訳文適宜改変。

第四章

自由主義批判と疎外論

一　政治的解放ではなく人間的解放を

「ユダヤ人問題によせて」

ふたたびパリ時代のマルクスに目を戻そう。すでに述べたように一八四三年、結婚してパリに移住したマルクスは「ヘーゲル法哲学批判序説」と「ユダヤ人問題によせて」という二編の論文を執筆し、これを翌年、ルーゲとともに刊行した雑誌『独仏年誌』一・二号合併号に発表した。「ユダヤ人問題によせて」が書かれた発端は、一八四二年に公表されたプロイセンの新国王フリードリヒ・ヴィルヘルム四世の反動的なユダヤ人法案だった。ナポレオン時代以来、自由主義的風潮の強いライン地方ではユダヤ教徒に対するこの差別法案に批判の声が上がった。マルクスが寄稿していた《ライン新聞》もユダヤ人の解放要求に支持を表明した。このとき、多くの人を驚かせたのは、ヘーゲル左派の代表的論客と見られていたバウアーの主張だった。バウアーは『ユダヤ人問題』（一八四三）と題する著作と「現代のユダヤ教徒とキリスト教徒の自由になりうる能力」（一八四三）という雑誌論文（《スイスからの二十一ボーゲン》誌）を発表し、ユダヤ人の解放要求を厳しく批判したのだ。

バウアーは、ユダヤ教徒たちが一方では自分たちの選民思想と宗教的戒律を頑《かたく》なに守りながら、他方ではキリスト教国家の内部で公民権の平等を要求するのは身勝手だと批判した。反動的キリスト教国であるドイツでは、誰もまだ政治的に解放されていない。もしユダヤ人がドイツ人と同じ公民であることを要求するならば、ユダヤ人もまたドイツ人としてドイツの政治的解放のために共闘すべきだろう。ユダヤ人がドイツ人の解放に無関心なのに、どうしてドイツ人はユダヤ人の解放に関心を持たなければならないのか。国家公民へと解放を遂げたいのであれば、ユダヤ人はまずユダヤ教から自分自身を解放すべきだ。そもそも宗教を前提として成立している国家は真の国家とは言えない。キリスト教徒であれ、ユダヤ教徒であれ、人間がまず自分自身を宗教の束縛から解放したとき、真の解放が可能になる。およそこのようにバウアーはユダヤ人の解放要求を批判した。

このバウアーの著作と論文について、マルクスは二編の書評を執筆した。それをまとめたのが

《独仏年誌》に掲載された「ユダヤ人問題によせて」と題する論文だ。この論文には一部反ユダヤ主義的発言が含まれていることもあって、その面からの議論の多い作品だ。しかし、この最初期の論文にはその後のマルクスの発展を見る上でもきわめて重要な認識が示されている。ここでは二編のうち第一の書評を中心にマルクスの視点を探ってみたい。ここでも、西欧市民社会の社会理論がいかに宗教論と不可分の関係にあったかが分かるだろう。宗教と国家の関係を正しく考えない限り市民社会論そのものが構築できないという事情は、十九世紀半ばになっても変わってはいなかった。

宗教から離脱する政治国家

もう一度、バウアーの主張を要約しておこう。ユダヤ人であれば、安息日に下院に出かけて公的協議に参加しようとはしないだろうとバウアーは言う。もしその時に、国家や市民に対する義務を自分たちの戒律よりも上に置くようになれば、彼らはもはやユダヤ人とは言えない。ユダヤ人をユダヤ人たらしめている偏狭な本質は、彼を人間として人間に結びつけるはずの本質を押しのけている。これがユダヤ人を非ユダヤ人から隔離せずにはおかない理由だ。こんなユダヤ人が自らの宗教を保持したまま国家公民としての資格を得て公的生活に参加したとしても、国家公民としてのユダヤ人の生活は単なる見せかけにすぎず、偏見に満ちた本質はその土台にそのままに残る。そこでは普遍的原則が偏見を凌駕したように見えるが、実際には偏見の方が他のすべてを凌駕してしまう。これがバウアーの言い分だった。

だから、もしユダヤ人が国家公民としての実を備えたいならば、まずは自分たちをその偏狭な宗教から解放しなければならない、とバウアーは主張した。もちろん、同じことはキリスト教徒についてもある程度は言える。ただし、ユダヤ教徒とキリスト教徒はけっして同列には扱えない。自由を求める精神は、民族宗教であるユダヤ教から啓示宗教であるキリスト教へと発展を遂げてきた。キリスト教徒はその最高段階の宗教を一段踏み越えればそれで済むが、ユダヤ教徒はこれから二段階を経なければならない。彼らは前提としてまずキリスト教徒が達した段階にまで達する必要がある、と。

さて、一見もっともらしいこのバウアーの議論にマルクスはどのように反論したか。

まずマルクスは、こうした議論は、ある国家が宗教とどのような関係を保っているかによって変わってくると指摘する。マルクスはそこで三つの段階をあげている。

第一は、国家がまだ名実ともに宗教から自立していない段階だ。この段階での国家はいまだに宗教の力を借りることでしか自らの正当性を証明できない。そこにはロックの言う意味での市民的政府や政治的国家はまだ存在していない。この段階にある国家として、マルクスは当時のドイツ諸国をあげている。その段階にある国家は、宗教問題に関する限り、神学者として振る舞うほかない、とマルクスは言う。そこでは、ユダヤ人問題は単なる「神学問題」でしかなく、キリスト教とユダヤ教の争いごとにすぎない。

ユダヤ人問題は、ユダヤ人が居住している国によって異なったバージョンとなる。ドイツでは政治的国家、つまり国家としての国家は存在しておらず、ここではユダヤ人問題は純粋に神学的問題である。ユダヤ人は、キリスト教信仰を自らの基礎と宣言している国家に対して宗教的に対立している。この国家は、その職務からすれば神学者なのだ。

（「ユダヤ人問題によせて」、Ⅰ・一九一頁）

マルクスが想定する第二段階は、形式上は立憲国家として宗教的中立性を持つ政治権力が存在しているが、現実には宗教権力が圧倒的に多数派の宗教として社会を支配しているような国だ。マルクスはその例としてフランスをあげている。そこでは国家に対するユダヤ人の関係も中途半端な形をとり、見かけのうえでは宗教的・神学的な対立として現れてくる。

そして第三段階が、名実ともに政教分離を基礎とする政治的国家が成立している国だ。マルクスはその例として北アメリカの自由諸州[*1]をあげている。ここではじめてユダヤ人問題は神学的問題から世俗的問題に転じるとマルクスは言う。国家が宗教から分離した場所で、はじめて国家と宗教の関係が、純粋かつ独自の形で姿を現す。このとき、批判はもはや神学的批判ではなく、政治的国家の批判となる。

北アメリカの自由諸州——少なくともその一部——において、はじめてユダヤ人はその神学的意味を失い、真に世俗的な問題となる。政治的国家が完全に成就した形で存在するところでだけ、政治的国家に対するユダヤ人の関係、一般的に政治的国家への宗教的人間の関係、つまり国家に対する宗教の関係は、その独自性と純粋性においてあらわになる。国家と宗教の関係に関する批判は、国家が神学的な仕方で宗教に関わるのを止めるや否や、すなわち国家が国家として宗教に対する政治的な態度をとりはじめるとたちどころに、神学的批判であることを止める。その時批判は政治的国家の批判となる。（同前）

宗教は消滅するのか

では、とマルクスは問いかける。このアメリカ合衆国で、人々は宗教的であることをやめただろうか。答えははっきり「否」だ。

ボーモン、トクヴィル、イギリスのハミルトンらが口を揃《そろ》えて保証しているように、アメリカ合衆国は、とりわけ信心深い国である。とはいえ、北アメリカ諸州の話は単なる例にすぎない。問題は、完成した政治的解放と宗教の関係はどのようなものとなるだろうか、ということである。政治的解放が完成した国においてさえ、われわれは、宗教がたんに存続しているだけでなく生気と生命力に溢れて生きているのを見るとすれば、それは、宗教の存在と国家の完成とは矛盾しないことの証明となろう。（I・一九二頁）

両者が矛盾せずに同居しうるとすれば、ではその関係をどのように理解すべきか。マルクスは別の例をあげてこれを説明している。たとえば選挙権、被選挙権を認めるのに納税額を条件とするという規定を廃止したとしよう。これは財産の多寡《たか》は政治的には意味を持たない差異であること、すなわち「非政治的な区別」にすぎないことを、国家が宣言したことを意味する。しかし、だからといって財産の多寡がなくなったわけではなく、財産の多寡を廃止する意図がほんのわずかでも国家にあるわけでもない。

これは二十世紀の婦人参政権でも同じことだろう。男女の区別が政治的に無意味なカテゴリーと化すということは、男女の区別自体が消滅することを意味してはいない。単に国家が、性別の違いを非政治的な区別だと宣言しているにすぎない。主権者の性別を政治的に無効なカテゴリーだと宣言することを通じて、国家は自分自身を男女同権の政治的国家として実感する。このような形で政治的国家は自分なりの仕方で普遍性を発揮し、それによって両性がその固有の性的本質を開花させることを形式的に可能にする。しかしこれは、事実として存在する男女の区別や差別を廃棄することとはまったく別次元の問題だ。いわばこれが、マルクスの思い描いた政治的解放のイメージだった。

国家が、出生や身分や教育や職業を非政治的な区別だと宣言する場合、あるいは国家が、こういう民衆の各部分の区別を度外視して、すべては国民主権への平等な参加者だと公言する場合、また現実の国民生活のすべての要素を、国家という視点から取り扱う場合、国家はたしかに、自分なりの仕方で、出生や身分や教育や職業の区別を廃棄していると言えるだろう。にもかかわらず国家は、私有財産や教育や職業に、それらなりの仕方で、つまり私有財産として、教育として、職業として効力を持たせ続け、それぞれ固有の本質を発揮させているのである。国家は、事実として存在する区別を廃棄することとはまったく無縁であり、むしろ国家は、そういう前提のもとにのみ存続し、自らを政治的国家として実感し、こういう諸要素と対立することによって自分の普遍性を発揮しているのである。

（Ⅰ・一九五頁以下）

国家にはもちろん、国家を実質的に構成する特殊な要素がある。国家はそうした要素をふるい落とした抽象的で形式的な普遍性としてのみ、政治的解放を成し遂げることができる。バウアーは国家公民としてのユダヤ人と私人としてのユダヤ人が分離している以上、ユダヤ人の政治的解放は不可能だと主張した。マルクスの視点から見れば、事実はまったく逆だった。この公民と私人の不一致は、国家がまさに政治的国家としての成熟を遂げている場所でのみ原理的に実現する。したがってこの不一致自体を政治的解放の阻害要因とみなすような議論は、政治的国家が未成熟な場所でしか通用しない。いったん政治的国家が成立し、「問題が神学的であることを止めることの点において、バウアーの批判は批判的であることをやめる」（Ｉ・一九一頁以下）とマルクスは主張する。

マルクスから見るとバウアーの議論は、いまだにドイツの神学論争の派生物にすぎず、市民国家論としての資格を欠いていた。政治的国家は宗教による正当化を必要としなくなる過程で、むしろ宗教の自由を非政治的な私的自由として解放していく。これが北アメリカ自由州で観察されていた事実だった。ユダヤ人が私人としてユダヤ教を守りながら、国家公民としてキリスト教徒と同等の権利を得ていくことは、そこではむしろ自然な成り行きにすぎない。バウアーの批判した分離は、国家公民というあり方に反する欺瞞《ぎまん》ではなく、むしろ政治的解放そのものの表現であり、宗教からの解放の政治的様式にほかならない。

人間がユダヤ人と国家公民とに、プロテスタントと公民とに、宗教的人間と国家公民とに分裂しているこの状態は、けっして国家公民というあり方に反する欺瞞だというわけではない。それは政治的解放の迂回ではなくて政治的解放そのものなのであり、宗教からの解放の政治的な様式なのである。（Ｉ・二〇〇頁）

政治的解放への批判

こうした形での政治的解放が大きな進歩であったことは疑いない。マルクスは次のように書いている。

> 政治的解放は、たしかに一つの大きな進歩である。それは人間的解放一般の究極の形式ではないかもしれないが、これまでの世界秩序の内部における最終的な人間的解放の形式だと言うことができよう。（I・一九九頁）

しかし、マルクスはもちろんこの歴史段階に満足していたわけではない。なぜならそれは政治的国家と市民社会の、普遍的利害と私的利害の、シトワイヤンとブルジョワの架橋《かきょう》し難い分離と矛盾の表現でもあったからだ。ユダヤ教から絶縁しなくても、政治的には解放されうる。この知らせが一つの朗報であることは間違いない。しかしそれは同時に、政治的解放そのものはまだ人間的解放ではないという暫定通知でもある。だからマルクスはユダヤ人に向かって次のように呼びかけている。

君たちは自分を完全かつ首尾一貫した形でユダヤ教から絶縁しなくても、政治的に解放されうる。それゆえ政治的解放そのものは人間的解放ではないのだ。君らユダヤ人がもしも人間的に自分を解放することなしに政治的に解放されることを欲しているとすれば、その中途半端さと矛盾とは、たんに君たちの中だけにあるのではなく、政治的解放というカテゴリーとその本質のうちにある。

（Ｉ・二〇七頁）

政治的解放が人間的解放になりえない理由は、政治的解放というカテゴリー自身の内にある。これはきわめて鋭い指摘だ。近代市民社会の本質理解については、マルクスとバウアーの落差は歴然としている。こうしてマルクスは、政治的解放というカテゴリーそのものの内実に批判の目を向けていく。そしてその過程でふたたび浮かび上がってきたのが、市民革命に謳われていた人権という概念だった。まずマルクスは、本来の政治的権利を「公民（シトワイヤン）の諸権利」（droits du citoyen）と呼ぶ。それは自己立法による政治共同体の設立と、その政治共同体への自由な参加を主たる内容とする権利だ。ところがマルクスは市民革命の宣言や憲法に、これと並んで、もう一つの別の表現が掲げられていることに注目する。それは「人間（オンム）の諸権利」（droits de l'homme）という表現だ。さて、この人間（オンム）とはいったい誰のことなのか。

公民（シトワイヤン）から区別された人間（オンム）とは誰のことなのだろうか。それは、市民社会の成員以外のなにものでもない。だが、なぜに市民社会の成員が「人間」、人そのものと呼ばれ、なぜにその権利が人権と呼ばれているのだろうか？　われわれはこの事実をなにによって説明するのか？　市民社会に対する政治的国家の関係によって、つまりは、政治的解放の本質によって説明するのである。（Ｉ・二二一頁）

そしてあらためてマルクスはフランス革命後の一七九三年の憲法を読み直す。その第二条には、人間および公民に自然から付与された不滅の権利として平等、自由、安全および所有の権利が掲げられている。ではその自由とは何か。第六条には次のように説明されている。

第六条、「自由とは、他人の権利を侵害しないかぎり、なにをしてもいい、という人間の権利である」。あるいは一七九一年の人権宣言によれば、「自由とは、他人を侵害しないことはなにをしてもいい、ところにある」。（Ｉ・二二二頁）

マルクスはこれをいみじくも、「人間と人間との結びつきよりも、むしろ人間と人間との隔離に基礎を置いている」自由と呼んでいる。「人権とは、限定された、自分に局限された個人の権利のことなのである」（同前）と。所有の権利についてはまた次のように書かれている。

第十六条（一七九三年の憲法）、「所有権は、公民の一人一人が、その財産、収入、労働および勤勉の成果を、自分の欲するように享受もしくは処分する権利である」。

（I・二二三頁）

ここまでくればもはや明らかだろう。私たちが先に見てきたあのロックの思想がここにもまごうことなく潜んでいる。こうしてマルクスは、市民革命の高らかな理想の陰に隠れている人間観を批判する。

いわゆる人権は、どれをとっても、エゴイスティックな人間、市民社会の成員としての人間、つまり自分自身へと引きこもった個人、自分自身の私的な利益と恣意《しい》とに引きこもって、共同体からは隔離された個人、そういう人間を越え出るものではない。いわゆる人権の中では、人間は類的存在と捉えられるどころではない。そこではむしろ、類的生活そのものである社会は、個々人にとっては、ある外的枠として、本来の自律性の制限として現れている。

（I・二二四頁）

人権がブルジョワの所有権の別名にすぎなくなれば、政治的共同存在はいわゆる人権保持のためのたんなる「手段」に引き下げられてしまう。政治的解放というかけ声の裏には、政治共同体についての道具的理解が潜んでいる。これがマルクスの批判だった。

エゴイズムが一つの罪として罰せられねばならない瞬間に、こういう宣言が繰り返されたということ、これがすでに謎めいたことである。だが、以下のことを見ると、それ以上に不可解である。つまり、国家公民であることの本質、すなわち政治的共同存在が、政治的解放を志向する者たちの手によって、いわゆる人権の保持のためのたんなる手段に引き下げられてしまっていることである。〔……〕ついにはシトワイヤンとしての人間ではなく、ブルジョワとしての人間が、本来の真の人間だとされる。（I・二一五頁、強調は引用者）

こうしてマルクスは市民社会における政治的解放の正体を明らかにする。政治的解放とはとりもなおさず、「利己的な欲求主体としてのブルジョワ」と「抽象的な道徳主体としてのシトワイヤン」との媒介不可能な二極分離の表現だった。市民社会における自由とは畢竟《ひっきょう》、営業の自由であり、財産形成の自由であり、ブルジョワがシトワイヤンの拘束から逃れていくための自由だった。それがロックの自由主義に隠されていた市民社会の実像にほかならない。これに対して、マルクスが要求したのは、この分裂そのものを克服する人間的解放、すなわち抽象化した公民をふたたび具体的経験のうちに取り戻し、個人としての人間が他者との相互行為の中で類的存在となりうるような解放だった。その理想を、マルクスは美しい表現で、この論文の末尾に掲げている。

現実の一人一人の個人が、抽象的な公民を自分のうちにとりもどし、個人としての人間がその経験的生活、その個人的労働、その個人的諸関係の中で、類的存在となった時、つまり人間がその「固有の力」を社会的力として認識し、それゆえに社会的力を政治的力という形でもはや自分から切り離すことがなくなる時、はじめて人間的解放が成就されるだろう。

（Ｉ・二二〇頁）

来るべき社会の構想については、マルクスは生涯を通じてそれほど多くを語らなかった。しかし、一つだけ確かなことは、その構想が財の平等分配や生産手段の公有化といった経済的カテゴリーでも、あるいはまた所有権や自由権の形式的保全といった政治的カテゴリーでも捉えられていなかったことだ。コミュニズムという言葉が共産主義と訳されたことはマルクスにとってはおそらく不本意だっただろう。それは個人と共同体が相互に矛盾することなく、一方の解放が他方の解放の条件となりうるようなコミューン主義、共同体主義と訳されるべき概念だった。

では市民社会と国家との分裂、ブルジョワとシトワイヤンとの分裂はどのように克服しうるのか。政治的解放と自由主義の限界はどのように越えられるべきなのか。この問いに答えるためには、この分裂がそもそも何に由来するのかが明らかにされねばならないだろう。これがマルクスの次なる課題となる。

二　類的本質からの疎外

哲学から経済学へ

以上紹介した「ユダヤ人問題によせて」は、一八四四年二月、『独仏年誌』一・二号合併号に発表された。しかし、この雑誌はマルクスと共同編集者ルーゲとの確執《かくしつ》もあり、一冊だけで廃刊となってしまう。マルクスは引き続きパリでヘーゲル哲学と経済学の研究に打ち込んだ。

国家と市民社会が、あるいはブルジョワとシトワイヤンが、互いに宥和し難い対立関係に陥る原因はどこにあるのか。アメリカ独立宣言やフランス人権宣言が高らかに謳いあげた人権の理念は、なぜブルジョワの所有権と幸福権の主張に切り下げられてしまったのか。自由主義のもとでの政治的解放は、なぜ人間的解放となりえないのか。

その答えは、市民社会自身の運動法則の中に隠れているはずだと、マルクスは考えた。もしそうであれば、この問題はもはや意識哲学のカテゴリーではなく、経済学のカテゴリーによって解明されねばならないはずだ。この確信がマルクスを経済学研究に向かわせた。マルクスは英仏の経済学文献を渉猟《しょうりょう》し、例によって大量の抜書きとメモを作成する。それは九冊の研究ノートと三束の草稿として残された。三束の草稿はマルクスの死後数十年を経た一九三〇年代になってようやく刊行され、『経済学・哲学草稿』あるいは『パリ手稿』などと呼ばれるようになった。すでに述べたように、この草稿はマルクスのヘーゲル哲学的要素を重視する西洋マルクス主義に、多大なインパクトを与えることになる。

この同じ一八四四年の夏には、マルクスにとってのみならず、その後の世界史にとっても重大な意味を持つことになる出会いがあった。『独仏年誌』に投稿したエンゲルスが、パリに住むマルクスのもとに立ち寄ったのだ。二人はたちまち意気投合し、日夜、議論とワインに耽溺《たんでき》した十日間が過ぎた頃には、生涯にわたる友情と盟友関係の最初の一歩がすでに踏み出されていた。

エンゲルスとのこの出会いは、同時にマルクスとヘーゲル左派との決別ともなった。ドイツでは、あいかわらず哲学者や神学者が、自己意識と本質の関係を世界史的課題と称して論じていた。歴史を、抽象的な普遍概念の自己疎外過程として説明するヘーゲル・エピゴーネンたちは、一部ヘーゲルよりもさらに観念論的に退行していた。このイデオロギー的な残滓を徹底的に洗い流し、歴史過程を市民社会の内側から科学的に説明することが、それ以後、マルクスとエンゲルスの共同目標となっていく。こうして計画された二人の共著『ドイツ・イデオロギー』[*2]の草稿には、ヘーゲル左派の哲学者たちに対するこんな批判が書かれていた。

これらの哲学者たちの誰一人として、ドイツの哲学とドイツの現実との連関、彼らの批判と彼ら自身の物質的環境との連関について問うことを思いついた者はいなかった。

（『ドイツ・イデオロギー』、Ⅱ・一六頁）

こうしてマルクスの軸足もヘーゲル哲学から経済学へと移行した。とはいえ現実を科学的に分析するためにも哲学的視座は欠かせない。この確信に関する限り、マルクスが哲学者をやめたことは一度もない。それが特にあてはまるのが、商品論と貨幣論の分野だった。なぜなら商品や貨幣にはつねに「形而上学的な精妙《せいみょう》さと神学的な気むずかしさ」（『資本論』第一巻、Ⅳ・一〇九頁）がつきまとっていたからだ。

あらゆるものが貨幣価値に換算されるようになると、聖なるものへの畏敬《いけい》の念や、永遠の生命への信仰は失われ、すべては地上の快楽のための手段と化す。これはお金が幅を利かすようになった世界ではいつでも耳にする嘆きだ。貨幣は宗教を追放する。世界を統一的に説明してきた「聖なる天蓋《てんがい》」（P・バーガー）は、合理的な科学技術と貨幣経済によって取り払われる。こうした世俗化理論であれば、私たちにも馴染みが深い。パリ時代の数年後に書かれた『共産党宣言』にも、ブルジョワジーの台頭は「神の国への敬虔《けいけん》な憧れ」を「利己的打算の冷水につけて溺死《できし》させた」という一文が見られる。

しかし、マルクスの視野には、貨幣が持つもう一つの側面が早くから捉えられていた。たしかに貨幣は宗教を世俗化する。にもかかわらず貨幣には宗教と似たところがある。交換価値とその純粋形態である貨幣には、いつでもある種の神学と形而上学がつきまとっている。神を作り出したのと同じメカニズムは貨幣の誕生にも深く関わっているはずだ。貨幣は宗教の追放者であっただけではない。貨幣はまた宗教の継承者でもある。貨幣は紫の衣を脱ぎ捨て、黄金の輝きを持つ現代の神となった。これがマルクスの見方だった。もしそうであれば、資本主義批判は現代の神学批判でもあるだろう。このように貨幣の機能を観察するマルクスの視点に大きな影響を及ぼしたのは、フォイエルバッハの哲学だった。

フォイエルバッハの宗教批判

フォイエルバッハはベルリン大学でヘーゲルの影響を受けた神学者・哲学者だ。キリスト教批判の著作によって大学の職は失ったものの、その後も市井《しせい》の知識人として著作を発表し続けた。自然と精神を二元論で捉えるデカルト哲学を批判し、デカルトよりもむしろ経験科学を土台に据えたベーコンの方を近代哲学の創始者とみなした。歴史を絶対精神の自己展開とみなすヘーゲル哲学、特に反省的理性とキリスト教の発展を一体のものとみなす師の発想には批判的だった。

一般にフォイエルバッハの功績は、唯物論的な宗教批判への道を開いたことだとされる。とはいえ宗教を単なる迷信として退けたわけではない。むしろ宗教を人間固有の力や能力の反映とみなす、人間学的な宗教論を展開した。その主著『キリスト教の本質』（一八四一）は、ヘーゲル左派の宗教批判に大きな影響を与えた。

フォイエルバッハにとって神は、人間の本質、その力と能力を映し出している鏡像だった。神とは、人間が一番大切で神聖なものだと感じるものの名前をリストアップしたノートのようなものだ。ただ、人間はそうした自己の本質を自分の内に見出す前に、自分の外へと移し替えてしまう。これこそフォイエルバッハが洞察した宗教の秘密だった。神とは人間自身の内に潜む神的なものが疎外され、投影され、実体化されたものだ。だから神に対する信仰とは、本来は人間の本質に潜む神的なものへの信仰にほかならない。古代の哲学者は星の光を仰ぎ見て、その光の中に人間の定めを読み取った。そのとき、天上のかすかな光の中に人間が覗《のぞ》き込んでいたのは、実は自らの本質、自分自身の起源だったとフォイエルバッハは論じた。

星空を見る目、地上およびそこでの欲望とは何の関わりもないあの無益無害の光を見上げる目、この目はその光の中に自分自身の本質を、自分自身の起源を覗き込んでいる。

（『キリスト教の本質』[*3]）

しかし、人間が天空に創造した神は、やがて天空から人間を創造するにいたる。これが主客転倒の瞬間であり、疎外が完成する瞬間でもある。その時から人間は自分で創り出したものの被造物として自分を理解し、創造主を崇《あが》めるようになる。このようにフォイエルバッハは主張し、宗教的世界が現実世界に発生根拠を持つ人間の鏡像であることを暴いた。これはフォイエルバッハの偉大な功績だったと、マルクスも認めている。

このフォイエルバッハの分析は、賃金労働を新たな視点から分析するヒントをマルクスに与えた。人間が自ら作り出したものが、人間に疎遠なものとして人間に立ち向かい、さらには人間の主人となって人間を支配する。これはまさに賃金労働者とその生産物の関係ではないか。たとえば後の『資本論』には次のような一節がある。

> 宗教においては人間が自分自身の頭で作り上げた創作物に支配されるように、資本主義生産においては、自分自身の手で作り上げた創作物に支配されるのである。（V・三六六頁）

パリで書かれた草稿『経済学・哲学草稿』には、この視点からの興味深い疎外論が綴《つづ》られている。以下にそれを見てみよう。

賃金労働と四つの疎外

その説明に入る前に、賃金労働との比較対象として、あのロックの主張を思い出しておこう。

人間は自分自身の主人だ。自分自身の身体の完全な所有者であり、労働の完全な所有者でもある。だから労働が生み出す生産物の所有権は何人にもけっして譲り渡すことのできない固有の自然権だ。それがロックの言い分だった。

後の議論のために、ここでは筆者が創作した「幸福なパン職人」を紹介しよう。この自営のパン職人はパンを焼きあげたとき、自作のパンの中に自分の技術、経験、工夫、労苦の跡を見て満足感と幸福感に浸る。ヘーゲル風に言えば、彼はそのパンの中にパン職人としての自己の本質を確認する。パンはこの職人の労働を通じてはじめてパンの姿をとるが、同時にパン職人もまたこのパンを通じてはじめて自分を実現することができる。これこそ類の本質としての労働のあり方だ。彼は自分の作品の中に自らを確認し、主体と客体が同一化する中でパンはパンとなり、パン職人はパン職人となる。

では、賃金労働者の場合はどうだろうか。経済学研究を通じて、マルクスは一つのことに気づいた。それは、私有財産という事実から出発している経済学が、肝心の私有財産の由来について少しも説明していないということだ。労働は価値の源泉であり、資本は蓄積された労働だという説明はいたるところに見られる。ではなぜ、価値の源泉を提供している労働者は、働けば働くほど貧困化していくのか。なぜ労働を通じて、労働者はもっとも惨《みじ》めな商品へと転落していくのか。これを説明する経済学はまだ存在していなかった。市民社会批判は経済学批判を必要不可欠としている。これがマルクスの到達した結論だった。

この観点からあらためて賃金労働を観察すると、いったい何が見えてくるだろうか。ここでマルクスの関心を引いたのが「疎外《エントフレムドゥング》」という現象だった。フォイエルバッハの宗教批判にヒントを得てマルクスはこう主張する。賃金労働の現実の中では、人間が労働行為によって作り出したものが自立的な姿をとり、人間自身にとって疎遠なものと化していく。そしてついには人間に立ち向かい、人間を支配するにいたる。そこにはフォイエルバッハが説明した宗教と同様、一つの主客転倒現象が生じている、と。

こうしてマルクスは賃金労働が生み出す疎外現象を四つの次元で描き出した。

第一は、労働者と生産物との間に生じる疎外関係だ。自ら商品となった賃金労働者が生産するものは、あのロックの想定や、われわれの「幸福なパン職人」とは正反対に、労働者にとって疎遠なものとなる。それは労働者から離れていき、労働者自身に対立する。労働者はその生産物のうちに自らの本質を確認することはない。

> 労働は自分自身と労働者をひとつの商品として生産し、しかも一般にさまざまな商品を生産するのに比例して生産する。この事実が表現するのは、労働が生産する対象つまり労働の生産物がひとつの疎遠な存在として、生産者から独立した力として、労働に対立するということにほかならない。〔……〕労働の実現は労働の対象化である。労働のこの実現は、経済的状況においては労働者の現実性の剥奪としてあらわれ、労働の対象化は対象の喪失

と対象への隷属としてあらわれ、対象の獲得は疎外として、外化としてあらわれる。

（『経済学・哲学草稿』、Ⅰ・三〇九頁、強調は引用者）

あの幸福なパン職人の場合とは対照的に、パン工場のベルトコンベアの脇で袋詰めを担当する賃金労働者にとっては、自分の生産物は自分とはまったく無縁な存在だ。彼の労働は彼から独立した形で資本と化していく。そしていつかは、その資本がより高速のベルトコンベアに姿を変えて労働者の労働を支配するようになる。

第二は、労働者と労働行為自体の間に生じる疎外関係だ。疎外は労働生産物の中に現れるだけではない。そのような労働そのものがすでに労働者から疎外されている。

疎外はたんに生産の結果においてだけではなく、生産の行為、生産的活動そのもののうちにもあらわれる。労働者が生産の行為そのものにおいて自分自身を疎外しているのでないとすれば、どうして彼がおのれの活動の生産物に疎遠に対立するなどありえようか。

（Ⅰ・三一二頁）

工場労働者にとっては、ベルトコンベアの上を流れるパンだけが疎遠なのではない。途切れることなくパンを取り、単調に袋に詰める作業そのものが、労働者にとってはすでに疎遠なものとなっている。自分の手でありながら、それはロックが当然のこととして信じていたように自分自身に属しているわけではない。自分の手の動きを規制しているのは、手の所有者である自分ではなくベルトコンベアの動きだ。自分の手は自分の一部ではなく、ベルトコンベアの一部と化している。そんな労働の中で、労働者はどのような感情を抱くだろうか。労働行為そのものの疎外は具体的にはどのような現象として現れてくるだろうか。

それは第一に、労働が労働者にとって外的であり、労働者の本質に属さず、そのために労働者はみずからの労働においてみずからを肯定せず、むしろ否定し、幸福と感じずに、むしろ不幸と感じ、自由な肉体的・精神的エネルギーを発揮するどころか、その肉体を消耗させ、その精神を荒廃させるということにある。そこで労働者は、労働以外のところではじめて自己のもとにあると感じ、労働しているときには自己の外にあると感じる。労働者は、労働していないときに我が家にいるようにくつろいでいるのに、労働するときにはくつろげない。それゆえ彼の労働は自発的なものではなく、強いられたものであり、強制労働である。

（Ｉ・三二―三三頁）

幸福なパン職人は労働している間、自分が自分のもとにいると感じる。しかし賃金労働者は労働している時に、「自己の外にある」と感じる。幸福なパン職人は労働に慰めと満足を感じる。

しかし賃金労働者は「労働するときにはくつろげない」。これはほとんどの現代人が共有している日々の感覚ではないだろうか。

第三は、労働者と人間の類的本質の間に生じる疎外関係だ。疎外された労働は、人間を類としての自然や本能から切り離す。群れをなして生活する生物としてのあり方から切り離された個体は、労働を単なる生存のための手段としか感じなくなる。本来、動物にとっては生命活動そのものが手段であると同時に目的でもある。あの幸福なパン職人のように、人間は本来、創意に促されて対象を自由に加工していくことの中に、自らの類としての本質を確認する。しかし疎外された労働はその活動を、生活のために強制される単なる手段へと貶《おとし》めてしまう。

疎外された労働は、自己活動や自由な活動を手段に貶めることによって、人間の類としての生活を彼の肉体的生存の手段にしてしまう。（Ⅰ・三二八頁）

第四は、労働者と他の人間との間に生じる疎外関係だ。人間は自分自身から疎外される時、必然的に他者からも疎外される。人間が労働者として一定の基準や関係の中に置かれたとき、彼は他の人間をもその基準と関係の中で見ようとする。自分の労働生産物と自分自身の関係は、自分と他者との関係に容易に転写される。

人間の疎外、一般に人間がおのれ自身にたいして立っているすべての関係は、人間がほかの人間にたいして立っている関係においてはじめて現実化され、表現される。したがって、疎外された労働という関係においては、どの人間も、彼自身が労働者として身を置く基準や関係にしたがって他人を見る。

（Ⅰ・三一九頁）

こうした四つの次元での疎外は、狭義の労働に止まらず、たとえば現代の子供たちの勉強にもそのままあてはまるだろう。勉強に追い立てられる子供たちは勉学内容を自分とは無縁のもの、将来の生活のための単なる手段と感じるようになる。それはやがては自分自身をランク付けし、脅かす外的強制と化していく。そこでは勉学行為そのものがみずからとは疎遠なものになる。勉強をしているときには不幸を感じ、勉強から解放されたときにだけ一時の解放感を覚える。このような勉強は自らの自然な欲求から自分を切り離し、自由な創造行為がもたらす喜びを奪い去る。そして最後に、こうした勉強の仕方が友人たちとの関係をも疎遠にし、あらゆる人間関係を手段化していく。これはマルクスが分析した賃金労働の疎外形態とまったく同型の構造だろう。

貨幣のフェティシズム

人間は自らの内なる神的な本質を宗教という鏡に映して崇拝する。しかしいったん疎外され自立した神は、人間の創造者として人間に立ち向かう。そして人間は逆に、自らを神の被造物として理解するようになる。このフォイエルバッハの宗教批判はさまざまなヴァリエーションをとってマルクスの商品分析や貨幣論の中に取り入れられている。『資本論』には次のような卓抜な一文がある。

この人が王であるのは、他の人たちが彼にたいして臣下としてふるまうからにすぎない。ところが逆に彼らは、彼が王であるがゆえに、自分が臣下であると信じるのである。

（『資本論』第一巻、Ⅳ・八九頁）

マルクスから見ると、これは宗教のからくりであると同時に、貨幣のからくりでもあった。王が王であるのは、他の人々が彼に対して臣下として振る舞うからにすぎない。神が神であるのは、人々がそれを崇めるからにすぎない。ところが人間は、それが自分より以前に存在し、自分たちを創造した主人だと思ってしまう。貨幣もまた同じだ。私たちがその金属や紙片を貨幣として崇めるからこそ、それは貨幣として通用する。ところが私たちはそれが貨幣だからこそ、すべての商品に交換できるのだと思ってしまう。この絶えざる「位置の取り違え」こそは、貨幣の本質を理解する鍵だとマルクスは見ていた。

マルクスの資本主義批判は同時に宗教批判でもあった。貨幣を見る人々の目は、原始宗教の呪物崇拝に通じるものがある。こう考えていたマルクスはそれをフェティシズムと呼んだ。フェティッシュ（物神）という語は、現在では特定の品物に対して性的魅力を感じる倒錯傾向を指す言葉として用いられることが多い。しかしマルクスの時代にはまだ文化人類学的な呪物崇拝を表す言葉として用いられていた[*4]。

本来は生産関係によって生み出された商品が、それ自身の生命力を得て、自立的な姿をとるようになり、ついには人間を支配する。この現象はあらゆる商品について見られるが、それが特に強く現れるのは貨幣においてだ。貨幣はあらゆる商品の価値基準として通用する。だから貨幣自身は自分の価値を相対的に表現する必要はない。貨幣は直接的な交換可能性を持ち、その属性はあたかも社会的関係から自立した超越的なものに見える。貨幣は商品世界で唯一の価値基準となり、神となる。貨幣によって、商品社会に一神教の世界が成立する。

私たちの生産物も私たち自身も、資本主義社会ではつねに二つの価値の分裂に苦しむ。私の作ったリンゴは、私の努力の結晶としてかけがえのない質（使用価値）を持っている。しかしそれは同時に市場で貨幣量に換算される単なる量（交換価値）でしかない。私という労働者も一人のかけがえのない人格でありながら、同時にいつでも入れ替え可能な人材にすぎない。資本主義社会における私たちの日々の自己分裂とそれが引き起こす悩みは、私たちがどんなに自由であると思っていても、所詮は交換可能な社会的存在でしかないことを繰り返し私たちに思い知らせる。

しかし、この世界で貨幣だけはそのような分裂に悩む必要はない。それは一原子たりとも使用価値を含まない、完全な交換価値の物質的表現でありながら、ある意味で最強の使用価値でもある。一〇〇%社会的関係の産物でありながら、社会的関係から完全に超越しているように見える。純粋な手段にすぎないにもかかわらず、すべての人々の目的となる。それはあたかも「重さ」や「保温性」といった属性のように、生まれながらにして「価値」を備えているように見える。だからこそまた、分裂に悩み苦しむ私たちは貨幣に憧れる。貨幣はこうして資本主義社会という一神教世界のフェティッシュとなる。

「フォイエルバッハに関するテーゼ」

こうした宗教=貨幣に対するマルクスの理解には、フォイエルバッハが陰に陽に影響力を及ぼしている。ただマルクスは重要な点でフォイエルバッハとは一線を画していた。それは宗教の鏡に映っている「類の本質」についての理解だ。宗教の根拠を唯物論的に基礎づけるという点ではマルクスもフォイエルバッハも同じだった。しかしその際、問題になるのは唯物論の物にあたるのは具体的に何かということだ。

マルクスが考える類の本質は徹頭徹尾「社会的」だった。これに対してフォイエルバッハが想定していた類の本質は「自然的」だった。現代風に言えば、マルクスの類的存在はソーシャルだったが、フォイエルバッハのそれはナチュラルでエコロジカルだった。フォイエルバッハが宗教の源泉に見据えたのは、有機的な自然とのつながりを保った人間の宗教的心情だった。マルクスの目から見ると、それは孤独な個人の感覚的経験と内面世界にすぎなかった。

エンゲルスと出会った年が明けて一八四五年になると、マルクスはまたしてもプロイセン政府の圧力でパリを追われ、ブリュッセルへの移住を余儀なくされた。その年の四月に、マルクスは『ドイツ・イデオロギー』の予備的考察とおぼしき全十一項からなる命題風のメモを書き留めている。そこには主にフォイエルバッハへの批判が綴られていた。

それから四十三年後、マルクスの死後数年を経て、エンゲルスはこのメモを若干修正した上で自分のフォイエルバッハ論の付録として公表した。これが今日「フォイエルバッハに関するテーゼ」として知られる文章だ。エンゲルスはこれを「新しい世界観の天才的萌芽を宿す最初の文書として、測り知れぬ価値をもつ」と絶賛した。その末尾の第十一項には、有名な次のような文章が掲げられている。

哲学者たちは、世界をさまざまに解釈してきたにすぎない。重要なのは世界を変革することである。

（「フォイエルバッハに関するテーゼ」、Ⅱ・一六二頁）

この同じ年、マルクスはエンゲルスとイギリスに旅行し、マンチェスターで本格的な経済学研究に着手している。したがってこの「フォイエルバッハに関するテーゼ」は、ヘーゲル左派内部の神学論争に決着をつけ、市民社会の運動法則の解明に向かう大きな転換点に位置していた。その中でマルクスは、フォイエルバッハの人間理解に含まれている「本質論」を批判している。この「本質論」にマルクスが対置するのは「関係論」だ。人間の本質とは個人に内在する抽象物ではない。それはあくまで「社会的関係のアンサンブル」なのだとマルクスは主張する。

六　フォイエルバッハは、宗教の本質を人間の本質のうちに解消する。しかし人間の本質は、けっして一人一人の個人に内在する抽象物ではない。現実には、人間の本質は社会的諸関係の総体《アンサンブル》である。〔……〕

七　フォイエルバッハは「宗教的な心情」そのものが一つの社会的産物であること、そして彼が分析する抽象的な個人がある特定の社会形態に属していることを見ようとしない。

（Ⅱ・一五九頁）

フォイエルバッハが宗教の源泉と見た人間の類的本質は、それ自体が「社会的諸関係の産物」でしかない。マルクスの唯物論の物とは、もはやフォイエルバッハのような田園詩風の観照世界ではなかった。マルクスが直視していたのは、ヘーゲルと同様、何よりも市民社会の労働の現実だった。それは、私的利益を求めて生産と交易を行う利己的人間の相互行為の総体であり、絶えず自己分裂と自己矛盾を産出するダイナミックな闘争世界だった。フォイエルバッハは、宗教的世界とその世俗的基盤の分裂を確かに見抜いていた。しかし、その分裂が世俗的基盤そのものの矛盾と分裂から生じていることを洞察しなかった。宗教的世界が現実から分離するのは、現実そのものが自分自身から分離しているからだとマルクスは考えた。

こうしてマルクスの視線は、世俗的基盤そのものの中から生み出される対立と矛盾の解明へと向かっていく。今や、マルクスはヘーゲルの「市民社会」という用語を離れ、その代わりに「資本主義的生産様式」という言葉を使うようになる。その生産様式の全体像を捉えることが、マルクスの後半生の主な課題となっていく。

註

＊1　南北戦争以前に奴隷制度を禁止していた北部の州。

＊2　この著作は生前にはその大部分が刊行されず、しかも執筆過程で大幅な原稿の入れ替えや加筆修正が行われたため、残された手稿の編集や復元、著者二人のいわゆる持ち分問題など、多くの原典批評上の難問が残された。

＊3　Ludwig Feuerbach, *Gesammelte Werke*, W. Schuffenhauer(Hg.), Band 5, *Das Wesen des Christentums*, Berlin(Akademie Verlag)2006, S. 34f.

＊4　ド・ブロスが『フェティッシュ諸神の崇拝』（一七六〇）の中で、アフリカ住民の間で宗教的な崇拝

の対象になっていた護符（フェティソ）に対する呪物崇拝を指す言葉として、この概念を最初に使用したと言われる。マルクスもこの著作を読んでいた。

第五章
賃金労働の本質

一　『資本論』への道

革命とロンドン亡命

一八四七年、イギリスでは鉄道への投機熱が冷め、経済恐慌の様相が次第に露わになってきた。同じ頃、フランスでも商業恐慌、農業恐慌が日増しに深刻化し、マルクスは革命の到来を予感した。ちょうどその年の瀬に、マルクスはブリュッセルのドイツ人労働者協会で経済学の講演を行った。後に「賃労働と資本」と題する文書にまとめられたこの講演こそは、二十年後の『資本論』第一巻の出版へと続く、長い道のりの第一歩だった。

当時、マルクスとエンゲルスはブリュッセルで共産主義通信委員会という組織を起ち上げ、独自の活動を展開していた。ドイツ人亡命者たちが結成した共産主義者の秘密結社「義人同盟」はパリやロンドンで活動を続けていたが、当時は指導者の路線対立から分裂状態に陥っていた。指導者の一人は、理想の共産社会の実現と直接行動を目指す仕立て職人ヴィルヘルム・ヴァイトリング（一八〇八―七一）、それに対抗していたのが啓蒙活動による段階的革命を目指すカール・シャッパー（一八一二―七〇）だった。マルクスとエンゲルスは、かねてから経済理論を欠いたヴァイトリングの感傷的なユートピア思想を批判していた。そこで彼と対立するシャッパーはこの二人の理論家を味方につけ、一八四七年、ロンドンで義人同盟を新たに「共産主義者同盟」と改称し、ヴァイトリング一派を追放した。新たに発足した「共産主義者同盟」の代表者会議で、マルクスとエンゲルスは、同盟の基本方針となる綱領の執筆を依頼された。この文書こそ、後に全世界に知られるようになる『共産党宣言』だ。

その『共産党宣言』が、年明けの一八四八年二月、ロンドンで発行される。そして偶然にも、その直前に、パリ市街でバリケードが築かれているという第一報がロンドンに届いた。それがフランス二月革命の勃発だった。革命の波は、たちまちドイツ、オーストリア、ハンガリーなどに波及し、いわゆる三月革命が始まる。フランス革命とナポレオン戦争の後、ヨーロッパを旧体制に復帰させせようとしてきたウィーン体制は、ここに瓦解《がかい》した。

革命の知らせを聞いたマルクスはケルンに戻り、六月に、「民主主義の機関紙」と銘打った日刊紙《新ライン新聞》を創刊する。これはかつてマルクスが編集長を務めていた《ライン新聞》の後継紙というべきもので、まもなく数千部の発行部数を誇る革命期の代表的新聞の一つになった。先に述べた「賃労働と資本」もこの新聞に連載された。

　しかし革命も、翌年までには各地で鎮圧され、復古体制を打破するための労働者階級とブルジョワ階級の団結などは絵に書いた餅《もち》にすぎないことが明らかになった。《新ライン新聞》も一八四九年五月十九日、全紙面を赤いインクで印刷した終刊号が発行され、マルクスとエンゲルスはロンドンに亡命することになる。

　一八四八年の革命によって成立したフランスの第二共和制は、大統領に就任したシャルル・ルイ＝ナポレオン・ボナパルト（一八〇八―七三）がほどなくクーデターによって権力を掌握《しょうあく》。ナポレオン三世として皇帝に即位し、第二共和政にみずから終止符を打った。ドイツでは、フランクフルト国民議会が採択した憲法草案が国王に拒絶され、革命は頓挫《とんざ》してしまう。こうして一八四八年の革命は失敗に終わった。フランス第二共和制のもとでの階級闘争がどのようにしてナポレオン三世の独裁を許したのかを、マルクスは卓越した政治論評『ルイ・ボナパルトのブリュメール十八日』（一八五二）の中で分析している。

　この革命は、労働者階級がはじめて社会変革の主体として歴史に登場したという点で、大きな転換点だった。ではなぜ労働者階級はその目的を達し得なかったのか。この問いに答えることは、マルクスとエンゲルスに残された大きな宿題となった。とりあえず彼らが学んだことは、革命は本格的な経済恐慌によってのみ引き起こされるであろうこと、しかし今はまだそのための歴史的条件が熟していないこと、そして機が熟していない状況下での主観的な革命意識は、時代に敗北せざるを得ないこと、などだったろう。では、資本主義的生産様式はなぜ、どのようにして、「自分たちの墓掘人《はかほりにん》を生み出す」(『共産党宣言』、Ⅱ・三六一頁)ことになるのか。『資本論』第一巻が出版されるまでの約二十年間、マルクスは亡命先のロンドンで、この問いに取り組むことになる。

『資本論』の基本構想

革命の挫折後、家族とともにロンドンに亡命したマルクスを待ち受けていたのは極度の生活苦だった。一八五〇年六月に書かれた妻イェニーの長い手紙には、乳児を含む四人の子供を抱えながら、家財道具を差し押さえられ、住まいを転々とする様子が切々と綴られている。唯一の命綱は友人エンゲルスからの送金だった。マルクスからの手紙を受け取るたびに、当時、自分の父親が経営するエルメン・アンド・エンゲルス商会のマンチェスター支店に勤務していたエンゲルスは、時には会社の金をごまかしながらマルクス一家に生活費を送り続けた。そして当のマルクスはと言えば、朝から晩まで大英博物館の図書室にこもり、体系的著作のための準備作業に没頭していた。

ロンドンに移住して八年後の一八五七年、本格的な恐慌が到来する。ふたたび革命の到来を予感したマルクスは、それまでに主著を完成するべく執筆を急ぐ。こうしてまとめられた草稿は、後の『資本論』の構想を概説したもので、マルクスの死後半世紀以上を経て『経済学批判要綱（グルントリッセ）』（一九三九／四一）と題して刊行された。これは今日でも高く評価されている草稿だ。

当時のマルクスは「資本、土地所有、賃労働、国家、外国貿易、世界市場」という六編からなる経済学批判のための著作を計画していたが、そのうち最初の「資本」の冒頭部分が、一八五九年にいったん『経済学批判』のタイトルで出版される。そしてこれが後に加筆修正されて『資本論』にまとめられていくことになる。しかし『資本論』第一巻の出版までには、さらに八年にわたる歳月が必要だった。すでに述べたように、マルクスの生前に出版されたのは、この第一巻のみで、第二巻と第三巻はエンゲルスによって、第四巻にあたる『剰余価値学説史』はカウツキーによってそれぞれ編集、出版されていくことになる。

本書ではマルクスの具体的な資本主義分析の紹介は割愛せざるを得ないが、その中でもっとも重要な要素として、賃金労働についてのマルクスの議論だけを紹介しておきたい。

マルクスが描いた資本主義的生産は、およそ次のような機能様式を持っていた。この生産様式は人間の労働力を商品化する。やがて大多数の労働が賃金労働と化し、同時に具体的な個別労働は抽象的な一般労働としての性格を付与される。この生産様式は、労働力の価値以上の価値、いわゆる剰余価値の拡大再生産を自己目的としており、絶えず剰余労働時間を延長し、労働密度を高め、生産手段を高度化しようとする。回転する資本は労働力（可変資本）よりも、オートメーション化された生産設備（不変資本）に多く投じられ、その結果、過剰となった労働者は職を失う。失業者の群れは労働予備軍を形成し、労働需給の調整弁の役割を担わされる。労働予備軍の存在は失業者を貧困に追いやるだけではなく、雇用労働者の賃金上昇をも抑制し、その購買力を低下させる。他方で高度化された生産設備は労働者の購買力を大きく超える生産力を蓄える。競合する資本は自らの生産力を最大限に活用せざるを得ず、全体として過剰生産が生じる。商品は売れなくなり、過剰在庫を抱えた小資本は淘汰される。小資本家たちは労働者へと転落し、生き残った資本はますます強大化する。これが反復され、周期的に到来する恐慌によって資本集中が進む。最終的に社会は少数の資本家と多数の労働者とに二極分解し、階級闘争が尖鋭《せんえい》化する。こうしてこの生産様式は、自らが生み出した矛盾によって内側から変革されていく。

　大まかに言うと、これがマルクスの思い描いた資本主義経済の運動法則だった。資本主義が秘めるこうした潜在的傾向に関する限り、『資本論』の分析は今でもあまり有効性を失っていない。その点では、この百五十年間、マルクスの分析を根本的に書き換えるような資本主義の総合理論は登場していないように思われる。

　とはいえマルクスが見ていた資本主義経済は、まだレッセ・フェール（自由放任主義）を原則とする自由主義的段階にあった。マルクスが先進モデルとして取り上げたイギリスの資本主義でさえ、一八二〇年代から六〇年代にかけて、約十年間隔で五回にわたる循環性恐慌を経験している。最初のうちマルクスは恐慌が起こるたびに体制崩壊と革命の到来を予感した。しかしその期待が裏切られると、やがてこれを資本主義の内部に組み込まれた必然法則とみなすようになる。観察された事実の中にそのつど法則性を読みとろうとするのは、社会科学者として当然の態度だろう。

今日、資本主義の運動法則についてのマルクスの予測は、そのままの形ではあたらなくなった。その最大の理由は、社会組織の複雑性のレベルが、マルクスの時代と今では格段に異なることだ。恐慌論や労働者の窮乏化理論、階級闘争理論や革命論の予測に対しては、複雑化した社会システムがさまざまな対抗措置を講じうるようになってきた。

ただし、それは一部、マルクス理論の自己否定的な成果であったとも言える。マルクスの理論予測が存在し、それを信奉する粘り強い労働運動が存在し、失敗に終わったとはいえ社会主義の歴史的実験が存在したからこそ、恐慌の制御や労働者の窮乏化対策が今日の形で制度化されてきた面がある。だから「マルクスは死んだ」(ブリューム)と高を括り、資本主義がレッセ・フェール段階への先祖返りを始めれば、マルクスの予測はふたたび現実味を帯びてくるだろう。

マルクスの死後数十年を経た一九二九年、世界は本格的な世界恐慌を経験した。それ以後、各国政府は不況時の景気刺激策や失業者救済策などの重要性を認識するようになる。デフレ・スパイラルや取り付け騒ぎによる銀行の連鎖倒産を防ぐために、中央銀行が銀行に資金を貸し付ける流動性供給の仕組みや預金保険制度なども整備されていく。

同じことは労働者階級の絶対的窮乏化の予測についても言える。マルクスの時代には、まだ賃金交渉力を持つ労働組合組織はなかった。不況時に需要を創出するための国の財政政策も、貧困者を救済するための社会保障政策も未成熟だった。労働者の人権や生活権に関する政府の感受性や責任感も今日とは比較にならない。労使の賃金協定、労働基準法、解雇規制、失業手当、累進課税、医療保険、年金制度などの社会民主主義的政策、あるいは国家の財政政策による需要創出や公共セクターによる安定雇用などは、その間にある程度その有効性を立証してきた。しかし逆に言えば、こうした規制や政策を安易に緩和し、放棄すれば、潜在的傾向はたちまち顕在化してくる。一九七〇年代末からの三十年間は、まさにそのことを格差拡大とリーマン・ショックを通じて立証した。各国政府がこの歴史的教訓から学ぼうとしないならば、労働予備軍が蓄えている不満と抵抗のポテンシャルは着実に高まっていくだろう。それは資本主義の受益者たちにとってもけっして歓迎すべきシナリオではないはずだ。

しかも、マルクスの資本主義批判は以上のような経済問題だけでは終わらない。かりに再分配政策がある程度機能したとしても、そこにはもう一つ、マルクスが批判した重要な側面が残る。それは、労働を抽象化し、生きた労働力を死せる労働力（生産手段）の奴隷にする生産関係のあり方だ。それは労働生産物のみならず、労働そのものを労働者にとって疎遠なものにし、人と人との関係をあたかも物と物との関係のように現出させる。

すでに見てきたように、若いマルクスはそれを疎外と呼び、後にはまた物象化と呼んだ。こうした疎外や物象化は人間の類的本質を脅かすとマルクスは見ていた。なぜならマルクスの社会批判の背後には、いつもアリストテレス的な共同体理念が潜んでいたからだ。自由な創意に促されて自然に働きかけ、他者との相互行為の中で自らの可能性を開花させる。人間の類的本質はつねにそのような社会的共同存在として理解されていた。マルクスはこの視点から、抽象的公民と利己的経済主体を分裂させるブルジョワ自由主義を厳しく批判した。

二　賃金労働がもたらしたもの

資本とは何か

マルクスにとってそもそも「資本」とは何だったのか。

マルクスにとっての資本とは、現象的に言えば、増やすためだけに流通に投じられる貨幣のことだった。この定義に従えば、宝くじを買うための千円は、たとえ回収の見込みは小さくても、いちおう資本と呼べるかもしれない。しかし夕食のおかずを買うための千円は資本とは言えない。

それは増やすためではなく、自分の食欲を満たすために投じられる貨幣だからだ。同様に、引き出しの奥にとりあえずしまっておく千円も、いつか資本となる可能性はあっても、目下のところはまだ資本とは呼べない。

第二章で見たピケティのように、資本を財産や富と同じものと考えるなら、資本は必ずしも商品経済の発展を必須条件とはしないだろう。土地所有と身分制度による隷属支配関係が富の配分を決めていた時代でも、資本は形成され、世襲され、蓄積されていたはずだ。

これに対してマルクスは、属人的な土地所有権力に非属人的な貨幣権力が対抗し始めるところに、資本誕生の起源を見ていた。だからマルクスの言う資本は、商業と商品流通の発展を不可欠の条件とする。こうした意味での資本が世界史の舞台に登場したのは十六世紀、大航海とともに世界商業と世界市場が出現した時だったとマルクスは見ていた。それ以前にも周縁的には資本は存在していたが、それはあくまで準備段階とみなされた。

マルクスの言う資本が形成されるためには、貨幣がいったん商品流通の中に投じられなければならない。そこで貨幣は商品と交換される。その商品がさらに、もとの貨幣以上の貨幣に姿を変えて戻ってくることで、貨幣はようやく資本となる。だから「貨幣は商品形態をとることなしに資本になることはない」（『資本論』第一巻、Ⅳ・二二九頁）。

したがって資本が成長するためには、貨幣（G）→商品（W）→貨幣（G'）という変身が流通の中でスムーズに行われなければならない。第一の貨幣がなかなか商品に変身できなかったり、その商品がなかなか第二の貨幣に変身できなかったり、あるいは変身できても、第二の貨幣が第一の貨幣より少なかったりすれば、とたんに資本の増殖は阻《はば》まれる。マルクスはこの変身過程を幼虫からサナギをへて成虫へと成長する昆虫の変態《メタモルフォーゼ》に譬えたことがある。見た目の形態は変化しても、そこには同じ生命が貫かれていると言いたかったのだろう。

この変身と増殖の過程が円滑に反復されるには、市場経済の発展が不可欠だ。人々が生活必需品の大部分を商品として購入せざるを得なくなったとき、はじめて資本家は安心して貨幣を市場に投じることができる。逆に言えば、資本が発展をとげた社会、マルクスのいう「資本主義的生産様式」が行き渡っている社会であれば、社会の富は大部分がすでに商品の形をとって存在しているはずだ。マルクスはそのことを『資本論』冒頭の一文で次のように簡潔に述べている。

> 資本主義的生産様式が君臨する社会では、社会の富は「巨大な商品の集合体」の姿をとって現われ、ひとつひとつの商品はその富の要素形態として現われる。（Ⅳ・五五頁）

じっさい高度資本主義社会に生きる私たちは巨大な商品コレクションに囲まれて生活している。日々の生活に必要なもののうち、私たちが自家生産できるものはごくわずかにすぎない。かつては売り買いが禁じられていたもの、もしくは売り買いされていなかったもので、その間に商品となったものも数多くある。たとえば土地が商品として自由に売買できるようになったのは、日本で言えば明治時代以降のことだ。水と空気はタダだと思われていた日本で、ボトル入りの水がガソリンよりも高い値段で日常的に売り買いされるようになるとは、数十年前まで思いもよらないことだった。それが今では立派な商品となっている。時代が進むにつれ、ついには人間の臓器や精子までが商品化されていく。こうした商品経済の拡大深化が資本主義を支える不可欠な土台となっているのは間違いない。

賃金労働への着目

では、商品流通と貨幣経済さえ発展すれば、資本は自然に発生し、増殖するだろうか。貨幣経済と資本主義経済は同じものなのか。マルクスはそうは考えなかった。資本が本格的に増殖し始めるためには、商品流通や貨幣経済の発達と並んでもう一つ重要な条件が必要だとマルクスは見ていた。

それは、資本家が一つの「特殊な商品」を運良く市場で発見することだ。マルクスによれば、その商品は「価値を創造するという独特な使用価値」(Ⅴ・三一二頁)を持っている。普通の商品であれば、それを購入し、消費しても、そこから新たな価値が生まれることはない。ところがこの商品だけは、消費されることによって新たな価値を生み出す。この商品もまた、ある時代からようやく商品として市場に並ぶようになったものだ。ではその独特な商品とは何か。

> ある商品の消費から価値を引き出すためには、貨幣所有者は流通圏内部すなわち市場において、その使用価値自体が価値の源泉となるような独特な性質をもつ商品を運良く発見する必要がある。その商品は、現実にそれを消費すること自体が労働の対象化、すなわち価値創造となるような商品でなければならない。そして事実、貨幣所有者は市場でこのような特殊な商品を発見する――労働能力すなわち労働力がそれである。（Ⅳ・二四八頁）

資本主義が成立するには、多くの人が市場で労働生産物を売買できるだけではまだ不十分だ。自分の労働成果ではなく労働能力を、すなわち自分の「労働力」そのものを商品として売りわたす人々が出現したとき、はじめて本格的な資本の物語が始まる。これこそ、従来の経済学が真剣に考えてこなかった点だ。こうマルクスは確信し、賃金労働とそれにともなう問題を自らの経済学の中心にすえた。この着眼点こそ、今なお古びないマルクスの発見だった。これがなぜ画期的な意味を持っているかを、以下、順を追って考えてみよう。

二つの自由

まず、市場で自分の「労働生産物」を売る行為と、自分の「労働力」を売る行為とは、どのように違うのか。形式的に見れば、特に大きな違いはないように思われる。自家生産者は自分の労働生産物についての自由処分権を持っている。それと同じように賃金労働者は自分の労働力についての自由処分権を持っている。自家生産者と同じように、賃金労働者も「労働力」という自分の商品を、自分の意志に基づいて、自分が同意した価格で売ることができる。もし買い手が提示する価格や労働条件が気に入らなければ売らないという選択肢も原則としてはありうる。そこが奴隷との根本的な違いだ。奴隷は暴力によって捕獲され、自分の意志とは無関係に鎖をかけられて売り飛ばされた。その点で言えば賃金労働者は奴隷よりもはるかに自家生産者に近い。何といっても、彼は労働力という自分の商品を自分の意志で売る「自由《フライ》」な存在だからだ。形式的に見る限り、売り手も買い手も法的に平等な人格として市場で向き合っている。

労働力の所有者が労働力を商品として売却できるためには、その所有者はその労働力の自由処分権をもっていなければならず、自分の労働能力の、あるいは彼という人物の自由な所有者でなければならない。そのような彼と貨幣所有者とが市場で出会い、対等な商品所有者として互いに関係を結ぶ。両者を区別するのはただ一つ、一方が売り手で他方が買い手だということだけであり、したがって両者は法的には平等な人格である。

（Ⅳ・二四九頁）

しかし、この法的平等性はあくまで原則的なものにすぎない。そもそも人はなぜ自分の労働力を売ろうとするのか。あえて自分の労働力を売ろうとするのは、他に売るものが何一つないからだ。パン作りの腕を持っている人であれば、雇われ職人になるより、誰でもあの「幸福なパン職人」になりたいと思うだろう。ではなぜ彼は自分のパンを売れないのか。それは彼がパン作りのための小麦粉やパン種、かまど、作業場などの「生産手段」を持っていないからだ。したがって、労働力が商品化されるためには、もう一つ、より重要な条件が必要となる。

> 貨幣所有者が労働力を商品として市場で発見するための第二の重要な条件は次のことである。すなわち労働力の所有者が、自分の労働の成果たる商品を売ることができずに、自分の生きた身体の中に存在している労働力自体を商品として提供しなければならないということである。
> （Ⅳ・二五〇頁）

このように、労働力を売る人はつねに「最後の手段」として自分の労働力を売っている。だから、その労働力すら売れ残ってしまえば、彼はすぐにでも路上生活や飢えを覚悟しなければならない。その意味で労働力の売り手は他に生きていく手段を持たない「無一物《フライ》」な存在だ。

マルクスはドイツ語のフライ（英語のフリー）という言葉に含まれる二つの意味をレトリックとして用いながら、賃金労働者の二重性格を描写している。共同体から遊離しているがために形式的には「自由《フライ》」な人間の自発的行為に見えるものは、実のところ、生産手段から見放されているがために実質的には「無一物《フライ》」な人間に課された強制にほかならない。ところが「無一物《フライ》」であるがゆえに自分の労働力を売らざるを得ない人が、あたかも「自由《フライ》」な意志によって自分の労働力を売っているかのように見えてしまう。今日でも、過労死寸前の状態で働いている人に向かって「不満があるならいつでも辞める自由はあるはずだ。そんな仕事を続ける方にも責任がある」という言葉がよく浴びせられる。しかし問われるべきはむしろ、彼らがなぜ辞める自由を行使できないのか、労働力を売らないという形式的自由を実質的に阻んでいる強制は何かということだろう。

> 貨幣が資本へと転化するためには貨幣所有者は自由な労働者を商品市場で見つけねばならない。この自由《フライ》には二重の意味がこめられている。一つは労働者が自由《フライ》な人間として自分の労働力を自分の商品として処理できるという意味、もう一つは彼が労働力以外に売るべき商品をもたず、労働力を現実化するために必要な一切合切を持ちあわせていない《フライ》という意味である。（Ⅳ・二五一頁）

こうした自由かつ無一物な労働力の売り手を、生産手段を所有する買い手はある時、商品市場で発見する。これがマルクスによれば資本誕生の瞬間だった。そしてこの時から、世界史はまったく新しい段階に足を踏み入れることになる。

商品流通、貨幣流通があっても資本の歴史的存立条件がそろっているとはとうてい言えない。資本は生産手段、生活手段の所有者が、自分の労働力を売る以外にはない自由《フライ》な労働者を市場で見つけた時にはじめて成立する。そしてこの一つの歴史的条件の中に世界史が含まれているのだ。（Ⅳ・二五二頁）

剰余価値の搾取と階級闘争

こうして生産手段の所有者は「労働力」という特殊な商品を市場で手に入れる。しかし、なぜこの特殊な商品はそんなに桁外《けたはず》れな収益を生み出し、資本を形成しうるのか。マルクスはそれをいわゆる剰余価値論と呼ばれる議論を用いて説明している。それは簡単に言うと次のような主張だ。

今かりに公正な商品流通が成立しているとしよう。資本家はこの流通の中で労働力という商品を購入する。公正な取引であれば、資本家は労働者に、その商品の価値に見合った対価を支払わねばならない。ある商品の価値は、労働価値説に従えば、その商品を生産するのに投じられた労働量から計算される。したがって、「労働力」という商品の価値もまた、労働力を再生産するのに必要な労働量によって算出されるだろう。これは要するに、労働者が自分の生活を維持するために必要とされる労働の総量であり、今これを「必要労働」と呼んでおく。必要労働は労働者が資本家に雇われていなくても、自分の生命を維持するために必要な労働と言える。

そこで資本家は、いわば労働力の正価ともいうべき必要労働相当の賃金を支払って、労働力を購入する。これは価値通りの対価を支払う公正な取引で、双方がそれに合意しているはずだ。かくしてこの商品は資本家のものになる。商品購入者は、他の商品を購入した場合と同様に、その商品を消費する権利を持っている。自転車を購入した消費者は、どれだけ自転車を使用しても構わない。同じように、労働力を購入した資本家はある一定限度内で好きなだけ労働力を消費できる。

労働力の消費とは、その労働力を働かせることだ。そこで資本家は労働者に生産を命じる。まさにそのとき、労働力という商品に埋もれていた独特な性質が輝き出す。他のどんな商品も持っていない独特な性質、すなわち新しい価値を作り出すという性質が。

労働力というこの特別な商品は、労働を提供し、したがって価値を創造するという独特な使用価値を持っている。（V・三二一頁）

資本家はこの使用価値を許容限度ぎりぎりまで使いはたそうとして、必要労働を超える労働を要求するだろう。その超過分をマルクスは「剰余労働」と呼ぶ。剰余労働は必要労働が生産する価値を超えて新たな価値を生産する。これをマルクスは剰余価値と呼ぶ。資本家の最終目標は資本の増殖を図ることだから、資本家はあの手この手で剰余価値を増やす方法を考える。労働時間の延長は一番初歩的なやり方だ。あとは労働の密度を高めることや、協業や分業、機械化によって生産性を高めること、賃金を出来高制にすることなども一考に値する。こうして資本家は剰余価値を極限まで増やそうとし、労働条件はそれにつれて過酷なものになっていく。

ところで、こうして得られた剰余価値は正式には誰の所有物だろうか。資本家は、それはもちろん労働力という商品を購入した自分の所有物だと主張する。資本家は原材料と労働力をそれぞれ適正な対価を払って購入した。購入した商品を消費することは商品購入者の自由であり、権利でもある。とすれば、購入した労働力が生産した生産物もまた資本家の所有物のはずだ。これが資本家の言い分になる。もしこれが通るなら、資本家は公正な市場を介した流通の中で等価交換のルールを一度も破ることなく、公正な方法で富を一方的に蓄積できるだろう。

しかし労働者にも反論の余地はある。過大な剰余労働は自分たちの健康を害し、労働力としての再生産を不可能にする。労働力としての商品価値を保持することは、この商品を売り続けなければならない労働者として譲ることのできない権利だ、と。そしてまたこうも主張できる。自分はたしかに労働力を自分の意志で売った。しかし、労働の「果実」まで売り渡した覚えはない。自分の労働によって新しく生まれた価値は原則的にはあくまで生産者に属する。自分の手や足が誰にも譲渡できない自分固有の所有物である以上、労働によって生産した価値もまた労働者に属する。これはロックによれば社会契約以前に付与された自然法だった。かりに必要労働分の生産物については商品交換のルールに則って資本家の所有物と認めたとしても、それを超える価値生産については新たな合意が必要だ、と。

この論争は古典派経済学的には解決できないだろう、とマルクスは言う。双方にそれぞれの言い分があるからだ。とすればあとは力による決着しかない。こうして資本家と労働者の間には、剰余価値の生産様式や分配方法をめぐって絶えず紛争が生じる。資本家が剰余価値生産を極大化しようとすれば、それに応じて労働者は団結と抵抗を強めるだろう。それに対する弾圧が強化されれば、反発もまた過激化する。

資本主義的生産過程を動かす動機および規定している目標は、資本の自己増殖をできるだけ大きくするということである。すなわち、できるだけ多くの剰余価値を産出し、資本家が労働力をできるだけ大きく搾取することである。同時に雇用されている労働者の量が増大すると、それとともに、彼らの抵抗も増大し、それにともないこの抵抗を押さえ込もうとする資本家の圧力も必然的に増大する。(Ⅳ・四八七頁)

このようにしてエスカレートした階級闘争はやがて工場の敷地を超えて政治闘争へと発展する。

しかも一つの国での闘争は他国の労働者に希望を与え、階級闘争は国境さえも越えて拡大するだろう。

労働運動への貢献

『資本論』初版（一八六七）が刊行されたのは、アメリカの南北戦争（一八六一―六五）が終わって間もない頃だった。だからマルクスは初版の序文でこんな警告を発している。前世紀のアメリカ独立戦争はヨーロッパの「市民階級」を勇気づけ、フランス革命の引き金となった。今回の奴隷制廃止をめぐるアメリカの内戦はヨーロッパの「労働者階級」に闘争開始の鐘を打ち鳴らした。アメリカの内戦はイギリスに飛び火し、イギリスの労働運動は遠からず大陸ヨーロッパに波及する。もしこの闘争を望まないならば、労働者の要求にできる限り譲歩することは支配階級の利益にもかなうはずだ。自分はそのことを知らしめるために、イギリスの工場法や労働時間制限法をめぐる闘争の経緯を詳しく論じたのだ、と。

『資本論』がこうした形で、その後も資本主義への強力な警告機能を果たし続けたことは疑い得ない。それは長い時間をかけ、多くの犠牲をはらって、さまざまな形の労働法制へと結実してきた。一九八〇年代以後の新自由主義的転換の中でその一角が大きく切り崩されつつあるとはいえ、二世紀にわたる労働運動の成果はけっして過小評価すべきではない。今後もこうした運動への市民の直接、間接の参加や支援は資本主義を飼い慣らすための必要不可欠な要素であり続けるだろう。

しかし同時に労働運動の過程で、議論の焦点が次第に賃上げや労働時間短縮といった労働条件の改善、あるいは所得の再分配による格差是正などに移っていったことは否めない。労働者団体と使用者団体は、片やストライキを、片やリストラをチラつかせながら、最終的には交渉と妥協によって問題解決にあたる。妥結した賃金が低すぎれば労働者側に不満が残り、高すぎれば使用者側が自分たちこそ被害者だと言い立てるだろう。剰余価値の帰属問題が原理的に解決不可能だとすれば、資本による剰余価値の取得を「搾取」と呼ぶかどうかは言葉の定義の問題にすぎなくなる。もちろん、こうした労使交渉の意義を過小評価してはならないが、マルクス思想の核心がそれに尽きるのであれば、ピケティ同様、今日あえて『資本論』を苦労して読む必要はないだろう。百五十年間を通じて高度に組織化された資本主義は、問題解決のためのさまざまな副次的システムを発達させてきたからだ。『資本論』はこれとは別の、もっと根源的な問題を提起している。

二　賃金労働の問題点

問題の所在

分配問題の根源には、労働力を商品として売らざるを得ない人々の存在がある。マルクスは労働力という商品に付けられている価格が適正かどうかを問題にしたのではない。マルクスが投げかけたのは、労働力はそもそも本来の意味での商品なのかという問いだった。そして、この特殊な商品を、あたかも自家生産物と同じ種類の商品であるかのごとく扱ってきたそれまでの経済学の方法を批判した。

マルクスにとって、資本家と労働者の所得格差は単なる結果にすぎない。格差の根本原因は、一方に自分の労働力を売り続け「ねばならない」人々が存在し、他方にそれを買い続ける「ことができる」人々が存在していること自体にある。この非対称な関係の固定と拡大再生産過程こそ、マルクスが批判している当のものだ。

資本主義的生産過程はこのようにして労働者の搾取条件を再生産し、永続化する。それは労働者に対しては、生きるためにたえず労働力を売り続けることを強制し、資本家に対しては、富を増やすためにたえず労働力を買い続けることを可能にする。資本家と労働者を、買い手と売り手として商品市場で相対させているのは、もはや偶然の力ではない。労働者を常に労働力の売り手として商品市場に投げ返し、労働者自身の生産物をたえず資本家の購入手段に転化しているのは、この過程自身に備わったからくりである。実際には、労働者は自分を資本家に売る以前から、資本に属しているのである。労働者の経済的隷属は、彼の自己販売の周期的更新、彼の個人的雇い主の交替、労働の市場価格の変動によって媒介されていると同時に、隠蔽されてもいるのである。（Ⅴ・三〇二頁）

先に私たちは、「資本」とは現象形態から見れば、増やすためだけに流通に投じられる貨幣のことだと定義しておいた。しかし、ここにいたってもう一つの定義が必要となる。それは、資本を「関係」とみなす定義だ。資本が再生産され、自己増殖するということは、この関係が再生産され、自己増殖することを意味する。貨幣はこの関係が物的な現象形態をとったものにすぎない。マルクスの資本とは賃金労働を生み出す社会関係が貨幣という現象形態をまとって現れ出たものだと言い換えてよいだろう。

個々の「労働力」の売買は、資本家側から見ればたしかに商品交換の法則を守っている。自分の商品について自由な処分権を持つ独立した人格が、その価値通りの価格で商品を売り買いしているからだ。それは双方にとって対等な関係だと、資本家は言うだろう。

たしかに自家生産者同士が自分の余剰生産物を交換する場合であれば、売る人と買う人の間には対称性が保たれている。売る人は売る自由と同時に売らない自由を持ち、買う人は買う自由と同時に買わない自由を持っている。こうした市場では、需要（供給）が供給（需要）を上回り、両者の立場の対称性が崩れれば、ただちにそれが生産過程に遡及《そきゅう》して生産調整を促す。これがアダム・スミスの想定した市場の自己調整機能だった。

しかし、労働力という特殊な商品の根底には、つねに「ねばならない」人々と「ことができる」人々との間の非対象な関係が潜んでいる。自家生産者であれば、余剰生産物が売れ残ってもすぐに困ることはない。しかし、労働力を売る人には「売らない自由」は事実上ほとんど存在しない。こうした非対称な関係が固定化し、拡大し、ついには全社会を覆い尽くすようになったとき、労働力を商品化する社会関係は全社会的な強制と化す。そのとき、労働者の形式的自由は、実質的隷従に転化する。

もちろん形式的自由が与えられていることの意義は小さくない。そこが賃金労働者と農奴や奴隷との決定的な違いだ。しかし、労働力を商品として売買する契約には、その私法上の対等性とは裏腹に、最初から大きな不公平が隠されている。賃金労働者が生み出した剰余価値の大部分は資本家によって取得される。にもかかわらず、それがあたかも自由な人間同士の対等な契約の結果のように見えてしまう。この法的擬制をマルクスは何よりも批判した。それゆえ、資本と賃金労働の間の関係を維持したまま、たとえ賃金が上昇したとしても、資本主義の根本問題はまったく解決しない。

労働者の富裕化

現代の資本主義社会には、労働力を商品として売りながらも、自分の生活を維持するだけの必要労働分をはるかに超える剰余価値の配当を受けている裕福なサラリーマンが数多く存在する。生活水準から見れば、彼らはマルクスの描く労働者よりもずっと資本家に近い。それゆえ大企業の管理職などは今や資本側と見られる。では彼らにとって資本主義社会は理想の社会なのか。資本主義はその直接の受益者たちに何の傷跡も残していないのか。

ニューヨーク金融界の若いヒーローを描いたドン・デリーロの小説『コズモポリス』は、その問いに一つの解答を与えてくれる。主人公は日々、巨大なハイテク・リムジンの中から秒単位の金融取引を行い、莫大な富を動かし、かつ獲得している。しかし、毎日同じ車に乗っているテクノロジー主任の顔を、彼はここ三年間、まともに見たことがない。この主任に向かって、主人公は独白のように喋り散らす。

物事はすごい勢いで起きている。あれやこれやが同時に。手を差し出したら、何に触れる？　みんなが十分おきに千もの分析をしている。それは俺もわかっている。パターン、比率、指標、情報の全体像。俺は情報が大好きだ。これこそ俺たちの糧《かて》であり光。まさに奇跡。そして俺たちは世界の意味を握っている。人々は俺たちがすることの影響下で食べたり眠ったりする。でも、だからといって、何なんだ？[*1]

自分たちの情報分析と金融操作ひとつで、世界中の人々の経済生活が根底から揺さぶられる。その事実をもって、自分たちが「世界の意味」を握っていると嘯《うそぶ》く主人公は、肝心な「自分の生の意味」を理解することができない。

マルクスの「剰余価値学説史」[*2]には、ミルトンが『失楽園』を生み出すのも、蚕《かいこ》が繭《まゆ》を紡ぎ出すのも同じ理由からだと述べた一節がある。それは彼らの内に潜む自然が外に溢れ出るのだと。これはまさにわれわれの「幸福なパン職人」の世界だ。しかし、コズモポリスの主人公の内なる自然は、とっくの昔に彼を見放している。彼は眠りにつくことができない。週に四晩も五晩も。そのとき、電話をかける友人もいない。断片化した感覚印象だけが次々と脳内を駆け抜けていき、時間の中での成熟を妨げる。瞑想《めいそう》用の小部屋で立ったまま眠ろうとする彼の心象世界を支配しているのは、静まり返った無時間的な均衡状態にすぎない。

月のない静けさ、すべての力が別の力によって釣り合いを取っている状態。それは最も短い弛緩《しかん》、不安に揺れるアイデンティティの一瞬の休止。[*3]

これがデリーロの描き出す現代金融エリートの心象風景だ。これを現実離れした文学者の空想だと笑える現代人は少ないだろう。先に私たちは労働力商品を売ら「ねばならない」労働者と、それを買う「ことができる」資本家の非対称性を見てきた。しかし、この両者の関係がいったん固定し、拡大し、全社会的強制として再生産されるようになると、資本家もまた「売らない自由」、「買わない自由」を急速に失っていく。剰余価値の取得者たちもまた、絶えず他の資本との競争にさらされ、売り続け、買い続け「ねばならぬ」立場へと追い立てられていく。貨幣はいつしか、貨幣を増やす手段として、それ自身が自己目的と化す。それは食欲や性欲とは異なり、最終的に満たされることはなく、目的はつねに未来へ未来へと際限なく逃れていく。マルクスもまたこう語っている。

> 資本としての貨幣の流通は自己目的である。なぜなら価値増殖はたえず更新されるこの運動の内部にしか存在しないからである。資本の運動にはしたがって際限というものがない。
> （Ⅳ、二二五頁以下）

こうして自己目的と化した貨幣は物との具体的関係を失い、観念的なものになっていく。そして次には、具体的な物たちもまた観念的な貨幣との関係においてのみ、その価値を判断されるようになる。本来は美的価値が美術品の価格を決めていたはずなのに、次第にその価格が美術品の価値を決定するようになる。こうしてあらゆる物は観念的な貨幣との想像上の関係の中でしか自らの価値を表現できなくなっていく。労働力の商品化によって生の抽象化と意味の希薄化に苦しんでいるのは、けっして貧困にあえぐ労働者だけではない。たしかに『コズモポリス』の主人公は自分の労働力を途方もない価格で資本に売っている。それは小麦生産者が余剰生産物を市場で売る価格とは比較にならない。しかし、どんなに高く売れたとしても、労働力という商品は小麦とは異なり、栄養と睡眠を必要とする。小麦とは異なり、他者と言葉を交わし、愛する者を求める。小麦とは異なり、結婚し、家族を作ることを夢見る。小麦とは異なり、個人としての自由を欲する。小麦とは異なり、共同体の一員として他者に認められたいと願う。これが自家生産した小麦を商品として売り買いすることと、自らの労働力を商品として売り買いすることの決定的な違いだ。問題は労働力の価格だけではない。そのことをデリーロの小説は教えてくれる。

こんなふうに言ったからといって、けっして貧困問題を過小評価しているのではない。日本でも近年、児童貧困率の上昇が報じられている。使い捨ての非正規雇用をつなぎながら、将来への不安から結婚や育児など想像さえできない若者たち、電気を止められ、闇の中で毛布にくるまって夜を過ごす老人たち。彼ら一人一人が構造的な貧困によって身体的・精神的・社会的に傷を受けている。黙したその無数の傷口はこの社会の経済体制をもっとも厳しく告発している。『資本論』も過酷な児童労働については具体的な証言を数多く交えて語っている。二十一世紀の経済大国で『資本論』さながらの光景があちこちに噴出している。だから格差解消と社会的再分配政策の重要性はいくら強調してもしすぎることはない。しかし、資本主義批判がその点にだけ目を奪われてしまうと、富裕層をも含めた生の商品化がもたらす、もう一つの深刻な問題を見落としてしまう。

生命の商品化

戦後復興期の兇悪《きょうあく》犯罪にはほとんどの場合、想像を絶する貧困と差別が隠れていた。当時と比べればその種の兇悪犯罪の絶対数は減っている。その一方で、あたかもゲームのように命を奪う犯罪が後を絶たない。商品として育てられ、商品として褒《ほ》められ、商品として貶められた生ならば、いつかは商品として捨てられるだろう。商品ならば交換がきく。一つの商品が失われても、すぐに別の商品がその穴埋めをしてくれる。かけがえのない生という感覚はこうして少しずつ、確実に失われていく。生の商品化は、商品として売り渡している一日八時間の労働時間という垣根を越えて、日常生活のあらゆる隙間に浸透していく。そして私たちの自己理解を調教し、他者理解を変質させていく。

自家生産者が余剰生産物を市場で売りさばく初期の市場経済とは異なり、資本主義経済のもとでは、生産者は最初から売る目的だけで商品を生産している。だから労働力を商品とみなすことが当たり前の社会では、子供もまた最初から未来の商品として育てられる。学力によって、卒業大学によって、その商品の値札が変わってくる。教育は将来の商品価値を高めるための「先行投資」であり、教育機関は労働力商品の生産工場となる。商品価値のない子供は売れ残り商品のように扱われ、自分でもそのように思い込む。今日の大学改革論議を聞いていると「付加価値」、「品質保障」、「費用対効果」といった語彙《ごい》が臆面もなく使われている。預かった学生をいかに売れる労働力に仕立て上げるかが、大学の生き残りをかけた勝負だという。商品価値を高めるための費用対効果から見れば、人文社会系学部の縮小廃止などは当然の帰結にすぎない。これに対して、一見役立たないように見える人文社会系の学問こそ長い目で見れば大いに「役立つ」という論法で、反論したつもりになっている人々もいる。事の本質を見ようとしない愚かな論法だ。

子育てが商品生産と類比される世界では、老化現象は逆に商品価値の喪失過程とみなされるだろう。肌に刻まれた皺《しわ》はもはや成熟と威厳の象徴ではない。それは商品価値の下落を告げる不吉な予兆だ。商品価値を失えば、商品として育てられてきた人間の存在意義は揺らぐ。だから若さや美貌を保つためならば、ありとあらゆる種類の医薬品やサプリメント、健康器具やエステサロンに膨大なお金がつぎ込まれる。そのお金を稼ぐために、人々はますます自分の労働力の商品価値を高めなければならない。自分の能力を磨き、体力を高め、若さを保つことで、商品価値に磨きをかけてきた人生であればあるほど、商品価値の下落はその人の自己評価を傷つける。どうすれば商品価値を高めることができ、どうすればそれを長く保つことができるか。人々は必死にその答えを探している。

しかし本当は、もっと真剣に問わねばならぬことがある。はたして人間の生命は商品なのか、子育ては未来の商品価値を高めるための投資なのか。人間の労働力を商品化することが当たり前になった経済社会が、はたして人間本来のあり方、マルクスの言葉を借りれば「類的存在」に照らして望ましいのか。このごく当たり前の問いを、私たちはすでに久しく忘れ去っている。

マルクスが賃金労働を批判するのは、それが結果として所得格差を生み出すからではない。むしろそれが、この類的存在の実現を不可能にするからだった。労働力という特殊な商品には、他の商品とは異なり、市場経済の相対性には還元できない絶対的な類としての自然的・社会的土台が付着している。人間は七、八時間の睡眠を必要とする。時給を割り増ししてもこれを四時間に縮減することはできない。

たとえば小麦であれば、横軸に価格を、縦軸に売れ行きをとってグラフを描けば、価格の上昇につれて販売量が次第に減少するなめらかな曲線が得られるだろう。しかし労働者について、横軸に朝からの経過労働時間を、縦軸に時間ごとの生産効率をとってグラフを描けば、ある時点で生産効率はがくんと落ちるに違いない。そのグラフはどこかで不連続な折れ線になるだろう。自然的土台の限界に突き当たったとき、この特殊な商品は「経済原則」にではなく、「生命原則」に従って反応するからだ。これが、なめらかな変化曲線を相手にする新古典派経済学の盲点となる。自然的・社会的土台はちょうど野球場のフェンスのように、剰余価値の生産と分配のゲームが行われるフィールドの外枠を定めている。ゲームはそのフェンスの内部で行われるべきで、ゲームの都合でフェンスそのものを移動することは許されない。

しかし、現実には自然的・社会的土台は野球場のフェンスよりずっと可動性が大きい。六時間睡眠でも四時間睡眠でも、労働力は酷使《こくし》しうる。それだけに、この土台の存在を物理法則のように立証することは難しい。マルクス経済学の優れた点の一つは、労働力の商品化という経済現象が人間の自然的・社会的土台、マルクスの言う類的存在とつねに衝突する可能性があることを主張し続けたことだ。マルクス自身は、このことを倫理的カテゴリーではなく、あくまで社会科学のカテゴリーで表現しようとした。しかし、経済学の初期条件として類的存在を考慮することで、マルクスは相対主義に陥りがちな経済学の体系に、結果として明確な規範的要求を持ち込んだ。このことの意義はどれほど強調してもしすぎることはない。それは現在の新古典派的な経済学に対する批判として、なおその生命力を保っている。

労働価値説の再評価

マルクス経済学のテーゼに対してはさまざまな批判がなされてきた。中でもマルクスが古典派経済学から継承した労働価値説は、今や支持者をほとんど失っていると言えるだろう。たしかに商品の価値をその生産のために投入した労働量で、いわんや労働時間で測定するという発想は、経済の中心が農業や初期の工業生産で占められていた時代ならまだしも、現代の商品世界ではほとんど現実味がないだろう。二十一世紀の現在、収益率の高い商品となっているものの中にはサービス、情報、知識、金融派生商品、保険商品、教育、医療、遺伝情報等々、労働価値説では捉えきれない商品が数多く含まれている。

では、こうした時代に商品の価値はどのように測定すべきか。マルクス晩年の時代以降、経済学で次第に主流を占めるようになったのは、商品の価値を生産過程で投入された労働量ではなく、その商品が持つ効用に求めるという考え方だった。商品の価値を、その「出発点」に求めるのではなく、その「終着点」に求める。これは道徳の基準を「動機」ではなく「帰結」に求める功利主義的道徳論とも軌《き》を一《いつ》にする発想と言える。

もし商品の価値がその商品の効用によって測定されるならば、マルクス経済学の難問の一つとなってきた「価値」と「価格」の違いなどは重要な問題にならないだろう。購入者にとっての効用が価値を決めるのであれば、価値と価格を少なくともカテゴリーの上で区別する必要はない。現実の価格が価値を反映しているかどうかは、市場がどの程度機能しているかによって決まるだろう。

では、労働価値説は最終的に廃棄されてよいだろうか。筆者はそうは考えない。商品の価値を効用だけに還元してしまえば、商品生産の起源に潜む自然的・社会的土台のこと、そこに投入された労働力とその労働者の類的存在のことを、経済学の議論から排除することができる。しかし、商品はあいかわらず、自然に存在する原材料に人間労働が加わって出来上がっている。たしかにこの原材料は今や非物質的なものであるかもしれない。たとえば、多大な収益をもたらす広告のコピーは、わずかな言葉からなりたっている。しかし、その言葉もまたある言語共同体の非物質的な資源として歴史的に形成され、維持されてきたものだ。広告コピーの作者はある時には非常に長い時間をかけて、ある時には一瞬のひらめきによって作品を作るだろう。そこで生まれた価値を労働投入量で測定することなど不可能だ。作者への報酬は、その作品を作るのに要した手間や時間ではなく、その広告コピーがもたらした効用、すなわち広告収入に応じて支払われるのが妥当かもしれない。

にもかかわらず、ある商品にはつねに起源があり、その起源には原材料と人間労働が関わっているということを忘れるわけにはいかない。なぜなら、その原材料と人間労働にはつねに類的存在としての人間の「自然的・社会的土台」がつきまとっているからだ。類的存在が関わっている以上、そこには容易には無視できない規範的要求がついて回る。もし商品の価値が完全に効用に尽きてしまえば、商品価値は徹頭徹尾、相対的なものになる。相対的なものになれば、それは簡単に価格表現をとり得る。腎臓一個が、移植のためにそれを買い取る人にどれほどの効用をもたらすかは、その人が支払う用意のある金額によってすぐに算出できる。しかしここでも、その取引に立ちはだかるのは経済ゲームの外枠を定めている生命原理と規範的要求だ。

労働価値説の魅力は、あらゆる商品に潜む隠された起源について何かを語ろうとしているところにある。この点ではアダム・スミスもまた、商品価値の背後に生産者の労苦を読み込んでいた。同時にそこには、貿易差額や金属貨幣に国富の源泉を探ろうとした重商主義への規範的な批判が隠れていた。商品価値の発生の根元を問おうとするこの発想は、経済社会が拠って立つ自然的・社会的土台と、それに結びついた規範的要求をつねに思い出させてくれる。

価値を投入労働量や労働時間で実証主義的に「数値化」するというマルクスの試みは喜んで放棄してもよい。しかし、人間の経済社会が商品の効用だけではなく、類としての人間の労働行為と、それを支える自然的・社会的土台の上に立つ営みであることを、経済学的に表現し続ける努力は今後も欠かせないだろう。賃金労働に関するマルクスの議論は、労働力の商品化と同時に、経済活動の自然的基礎と規範的要求についての洞察を含んでいる点で、今なお多くの示唆に富んでいる。

註

＊1 ドン・デリーロ『コズモポリス』上岡伸雄訳、新潮文庫、二〇一三年、二四頁以下。なお、デリーロについての言及は以下の著作からヒントを得た。Joseph Vogl, *Das Gespenst des Kapitals*, Zürich(Diaphanes) 2010.

＊2 マルクス「剰余価値学説史」大内兵衛・細川嘉六監訳、大月書店（マルクス＝エンゲルス全集第二十六巻第一分冊）、一九六九年。

＊3 『コズモポリス』、一二頁。

第六章
実体論から関係論へ

一　ホッブズの挑戦――自然人はなぜ主権者を必要とするのか

因果律の呪縛

ここまで、マルクス思想の中核と思われるいくつかの側面を取り上げてきた。本章以降は、これまでの考察の上に立って、二十一世紀の社会理論の課題を考えてみたい。本書の中でもこの章は特に分かりづらい部分かもしれない。社会理論の方法論にあまり関心のない読者はこの章をとりあえず飛ばして最終章に進まれてもよいだろう。

先に近代の社会契約説を取り上げたとき、この理論の欠陥として三つの点をあげておいた。すなわち第一は、社会契約説が社会に先立って存在する、自由で平等な「個人」を想定する別種の形而上学を含んでいたこと。第二は、社会契約説が自然状態から社会状態への移行過程を演繹的推論によって論証できると考えていたこと。第三は、社会契約説が市民階級の私的利益を正当化するための論理を隠し持っていたことだ。

このうち三点目についてはマルクスの自由主義批判がすでに十分に説明してくれた。ここでは残りの二点について考えてみたい。すなわち、社会契約説が「はじめに個人ありき」という前提と、「演繹的推論を通じて主権の発生を説明する」という目標を堅持しようとすると、そこにどんな理論的な破綻が生じるかという問題だ。これは言い換えれば、デカルトやホッブズが信奉していた近代科学の方法を社会現象に適用しようとすると、どんな問題が理論から滑り落ちてしまうのか、という問題でもある。これを検証することによって、社会理論は果たして科学でありうるか、もしありうるとすればそれはどのような科学となるのか、という問いにもおのずと解答がえられるだろう。

ここではホッブズの『リヴァイアサン』[*1]の議論を素材として取り上げる。というのも、これは二十一世紀の社会理論を考える上での貴重なヒントとなるはずだ。自然科学で立証された演繹的推論の力を社会現象に拡大適用しようとした先駆的試みの一つだったからだ。ホッブズは①自由平等な個人が争い合う「自然状態」から出発して、②「因果論的推論」を重ね、最終的に③「超越的主権」の成立を導き出すという思考実験を通じて、近代政治学を学問的に基礎づけようとした。その背景には、すでに何度も述べてきたように、西欧の近代化がカトリック世界の内部分裂という深刻な理念闘争と重なり合ったという歴史事情があった。デカルトやホッブズの方法論が、ヨーロッパ最後の宗教戦争といわれる三十年戦争の渦中で姿を現したのは偶然ではないだろう。既成の世界観が揺らぎ、相互不信が果てしない紛争を生み出していたとき、内省的になった合理的理性が、誰も論駁《ろんばく》できないような「第一原因」と演繹的推論に活路を見出そうとしたことは十分に頷《うなず》ける。

しかし、そこには合理的理性自身の内に埋め込まれた強固な思い込みがある。ある主張が説得力を持つためには、論理性を持たなければならない。論理のうちでもっとも厳密なものは、因果関係をたどる演繹的推論だ。だから、社会の動きを因果法則で説明できたとき、はじめて科学としての社会理論が完成する。これが、合理的理性の思い込みだ。ここではそれを「因果律の呪《じゅ》縛《ばく》」と呼んでおくことにしよう。

中世スコラ学は、神の意図を世界の第一原因とみなした。難しく言えば、それは目的因を究《く》竟《きょう》因（すべてに先立つ究極の原因）とみなす哲学体系だった。ヨーロッパ啓蒙思想は、このスコラ学との対決から出発した。その基本戦略は、因果論によって目的論を切り崩すことだった。だからヨーロッパの啓蒙思想には「因果律の呪縛」が深く根を張っている。後に紹介するマルクスの価値形態論も、その例外ではない。社会理論が科学となるためには、すべての事象が因果論的に説明できなければならない。この思い込みは、社会科学がコモンセンスに敗北し、啓蒙主義が伝統主義に敗北し、革新思想が保守思想に敗北していく大きな原因をなしている。現代の社会理論は、この因果律の呪縛から自らを解放しなければならない。しかしそのとき、社会理論はなお学問でありうるのか。この問題を以下の章では考えていきたい。

ここではまず、「因果律の呪縛」に囚われた社会理論がどのような点で破綻せざるを得ないのかを、ホッブズの主著『リヴァイアサン』の議論を通じて見ておくことにしよう。

『リヴァイアサン』の基本構想

まず『リヴァイアサン』の基本構想を概観しておこう。ホッブズによれば、神は自然というアート（技術、芸術）を駆使して世界を創造し、その世界を統治している。そのアートの最高傑作は言うまでもなく人間だ。そして人間は、自らもアートを用いて神の作品である自然を模倣するように創られている。そしてついには自分自身をモデルにして「人工人間」を創り出すことに成功した。その最大の作品こそが国家だ、とホッブズは言う。このような説明戦略をとることで、ホッブズは無神論の嫌疑を退けながら、同時に国家を神の作品ではなく、あくまで人間の作品だと主張することができた。そしてこの史上最強の人工人間を、ヨブ記で地上最強の生き物とされているリヴァイアサンやビヒモスに譬え、自著に『リヴァイアサン』というタイトルをつけた。

ホッブズの国家論はきわめて機械論的で、この部分には特に見るべきものはない。各部分が協働している状態はこの政治身体の健康を意味し、暴動が生じている状態は病気を、内戦が起きている状態は死を、それぞれ意味する。そしてこの身体各部を最初に作り、組み合わせ、統合しようとした協定と信約こそは、創世記で神が人を創らしめたあの命令に相当する、といった具合だ。一見すると国家を有機体に譬えているような説明だが、全体と部分の関係についての理解は有機体説よりもロボット工学に近い。しかし本書での関心はあくまで、自由平等な個人を出発点とし、合理的推論に基づいて国家主権という超越者の発生を説明しようとすると、どんな理論的困難が出現してくるかという問題だ。

出発点は「自然は人びとを、心身の諸能力において平等につくった」(二〇七頁)という想定だ。この想定が持つ画期的な意味についてはすでに述べてきた。ここではホッブズの理論構成に注目しよう。

ホッブズにとっては、まさにこの平等状態こそが、国家の成立を不可避にする第一原因だった。人々が似たり寄ったりの体力と知力を持っていれば、誰しも同じような成果や幸福を希望するだろう。平等と競争の間には切っても切れない関係がある。本質的な平等を想定すればこそ、人々は互いにライバル関係に立つ。王と臣下の間に本来の意味での競争関係は生まれない。

こうしていったん競争が始まれば、各個人は自分の生存権を絶えず維持拡大しようと努める。自己防衛に自信がある人なら土地に種をまき、快適な住居を建てて暮らすかもしれない。しかし他の人々が、今度は力を合わせて彼に襲いかかる可能性がある。そうなれば彼は労働の果実のみならず、自分の自由や命までも失いかねない。もちろん自然状態においては法律もなければ警察もない。自分の潜在能力を発揮して自己の保存を図ることは、自然状態において与えられた権利、いわば自然権だ。こうして人々は自然権を行使し、他者を襲い、勝利者を目指す。しかしその勝利者も絶えず新たな敵の出現に怯《おび》えなければならない。

こうした相互不信状態に置かれたとき、人はどのような行動に出るだろうか。そこではおそらく、攻撃が最大の防御という格言がものを言うに違いない。すでに得たものに満足することなく、絶えず力や謀略をもって敵対勢力の芽をすばやく摘み取る意志と能力のある人だけが、長く安定した支配を続けることができる。こうして、恒常的な戦争状態、すなわち「万人の万人に対する闘争」が生まれてくる。

しかしこのような状態は、各個人の生存可能性を拡大するよりはむしろ縮小する。やがて人々は、戦争状態よりも平和状態の方が自己保存にとって有利であることを認識するに違いない。内なる理性は、生き延びるためには次のように自分に命じるはずだ。「平和をもとめ、それにしたがえ」（一一七頁）と。これをホッブズは第一の自然法と呼ぶ。

この第一の自然法を遵守するには、自己防衛のためならば先制攻撃を含めたあらゆる行為が許されるという自然権を、各個人が自発的に抑制する必要がある。ただしそこには重要な前提条件がある。私が攻撃権を自発的に放棄したとき、他人がそれにつけ込んで攻撃を行ってこないという保証だ。つまり私は、他者も足並みをそろえて攻撃権を放棄するという条件のもとでのみ、私の攻撃権を放棄することができる。もし他者がその権利を放棄しないならば、もちろん私も自分の権利を放棄するわけにはいかない。こうして内なる理性は次なる命令を下す。「平和と自己防衛のためにかれが必要だとおもうかぎり、他の人びともまたそうであるばあいには、すべてのものに対するこの権利を、すすんですてるべきである」（二一八頁）と。これをホッブズは第二の自然法と呼ぶ。

各個人がこの第二の自然法を遵守するためには、他者もまたそれを遵守するという保証が必要だ。そのために人々は互いに約束を交わし、その違反者を罰しうる超越的な権力を擁立することに合意するようになる。これがホッブズの構想する、社会契約による主権発生のメカニズムだ。

三人称世界から一人称世界へ

このホッブズの推論にはどんな難点があるだろうか。それを考える前に、ここではまずホッブズが自分の著作の方法についてどのように考えていたかを紹介しておこう。

ホッブズは冒頭の序説で、国家という人工人間の素材と製作者はともに人間である、と述べている。したがって私たちはまずその素材がどのような本質を持っているのかを知る必要がある。では、人間という素材の本質を知る最良の方法は何か。

ホッブズは言う。近頃はよく、人間についての知恵は「書物」ではなく「人々」を読むことによって得られるという格言を耳にする。しかし、自分はむしろ「汝自身を知れ」という古い格言にこそ従いたい、と。これはソクラテスを通じて有名になった古代ギリシャの格言だ。

当時、書物の中の書物と言えば聖書であり、またアリストテレスの哲学書だった。人間とは何かという定義はそうした書物に啓示されており、スコラ学はその啓示を解読するための最良の手引きだ。しかし、教会が分裂し、人々が互いに敵対するようになると、彼らは「人間とは何か」を抽象的な「書物」の内にではなく、具体的な「人々」の内に読み取ろうとする。これがホッブズの言う「近頃の風潮」だ。

ところが、人々の中に知恵の源泉を求めようとしても、そこには絶えず欺瞞や虚偽やごまかしが混ざり込んでくる。それは解読書のない暗号解読作業のようなものだとホッブズは書いている。解読する人が善人であれば相手を信じすぎ、悪人であれば相手を疑いすぎて、かえって相手に欺かれる。

そこでホッブズが提案するのが「汝自身を知れ」という格言だ。まずは自分の内側を見つめて、自分が思考し、判断し、推理し、希望し、恐怖する時に、自分はいかなる根拠から、何を思考し、判断し、推理し、希望し、恐怖するのかを推論する。それによってはじめて、同じような場合に他者の思考と情念がどのようなものになりうるかを的確に解読し、認識することができるようになるだろう。およそこんなふうに、ホッブズは序説で主張している。

書物が教えるのは、いわば「三人称」の言語地平で語られる人間観だ(「人間とはどのような存在なのか?」)。この人間観が揺らいだ時、人々は、互いに互いを解読しあう「二人称」の地平へと降りてくる（「あなたはどのような存在なのか？」）。しかし二人称の世界には絶えず誤解と虚偽と欺瞞が紛れ込んでくる。そこでホッブズはもう一度、あのギリシャ人の知恵に従って自分自身を知ること、すなわち「一人称」の地平に回帰することを提案する（「自分はどのような存在なのか？」）。

孤独な自我の内省のうちにこそ、普遍的人間観にいたる道が開けている。この確信は同時代の哲学者でホッブズとも親交のあったデカルトの「われ惟《おも》う、ゆえにわれあり」の中にもはっきりと窺《うかが》える。三十年戦争のさなかにデカルトが『方法序説』へと向かった道筋は、ホッブズがたどった道筋と良く似ている。彼らにとっては内省的自我の合理的推論こそが、宗派分裂と近代科学によって揺らいだカトリック的普遍性を、あらためて近代的な装いで再構築するための拠点と考えられた。

ホッブズの説明をこんなふうに解読するならば、血で血を洗う戦争状態に陥った当時のヨーロッパ世界に対して、ホッブズは「三人称地平から二人称地平を経て一人称地平に至る」という言語地平の撤収を提案していたことになる。人間存在の原点は孤独な一人称地平の内にある。いったんそこに引き返し、確実な認識と推論を積み重ねながら、もう一度一人称地平から二人称地平を経て三人称地平へと言語地平を再構築していく。それこそ近代主権国家を基礎づけるための正しい手順ではないか。これがホッブズの提案だった。

第一の問題点——対話的次元の欠落

ではこの再構築のプロセスをもう少し詳しく見てみよう。

ホッブズが想定する自然人たちは、どのような状態のもとで生活していただろうか。それは、たとえば後にロックがイメージしたような平和な共存状態でもなければ、ルソーがイメージしたような平和な孤立状態でもなかった。それは、潜在的な敵に囲まれた恒常的戦争状態だった。まわりじゅうが敵だらけという意味では、ホッブズの自然人はけっして孤独ではない。しかし、この敵は攻撃が発生する源、あるいはそれが向かう先としてしか考えられていない。だから本質的には突然襲ってくる暴風雨と変わらない。孤独ではなくても全員が一種の孤立状態にある。それはいわば一人称的地平の対立的並存にすぎず、本来の意味での二人称地平は開かれていない。二人称の言語地平は質問と応答、対話や相談や交渉を通じた合意形成、あるいは相手の立場に立ってものを考える視点交換によって、はじめて成立するものだからだ。

一人称の言語地平に生きるこの自然人は、自分の生存権の維持拡大を最高指針として生きている。しかし彼はやがて、この戦略的な行動指針がかえって自分の生存チャンスを縮減していることを認識する。これが平和への努力を命じる第一の自然法だ。そしてこれが自然状態を脱して社会状態を目指す最初のきっかけとなる。人間を自然状態から離脱させる原因が自然状態自体の内部に潜んでいるというこのホッブズの着眼点は、後のヘーゲルやマルクスの理論にも通じる重要なポイントだ。

　しかし、この認識はあくまで一人称地平の中で獲得されたものだ。決定的な瞬間は次の第二の自然法とともに訪れる。思い出してみよう。万人の万人に対する闘争状態は、孤独な理性に対して平和への努力を命じていた（第一の自然法「まず平和の実現を求めよ」）。そして平和への努力要求は、この孤独な理性に対して、第二の自然法を命じる（第二の自然法「平和と自己防衛のために必要であれば、他者も同じように行動することを条件に、自然権の一部を進んで放棄せよ」）。ここで決定的に重要なのが、他者も同じように行動することを条件に、という部分だ。

　恒常的戦争状態の中で、どうしてこの孤立した自然人は、他者もまた私と同じように、平和に向かって最大限の努力をし、平和のためならば自然権の一部さえ進んで放棄してくれると信じられるのだろうか。自分が第二の自然法の命令に従って自然権を放棄したときに、はたして他者は自分と足並みをそろえてくれるだろうか。自分が理性の内なる命令に従ったとき、他者もまた彼らの内なる理性に耳を傾けてくれるだろうか。

　容易に分かるように、これは一人称の言語地平では答えることのできない質問だ。そこではどうしても「私はこうしますが、あなたはどうしますか」という二人称への問いかけと、その問いかけへの誠実な答えが必要とされる。文法的に言えば、この交渉言語には二人称主語「あなた（は）」が不可欠だ。しかも私はその応答の誠実さを信頼できなければならない。こうした二人称への問いかけとその応答への信頼は、ホッブズの理論体系のどこから出現するのだろうか。万人の万人に対する闘争状態の中で攻撃の発する源か、それが向かう先でしかなかった敵は、どこでどのようにして信頼可能な「対話相手」としての資格を手に入れたのだろうか。

この難問に、ホッブズは興味深い形で答えている。この第二の自然法によって、たしかに人々は今までのように無制限の自由を享受するわけにはいかなくなる。しかし人間は、他の人々に対して自分が許しうる程度の自由で、自分もまた満足すべきだ。ホッブズはこのようにさらりと述べたうえで、注目すべきことに、その論拠として「他者にしてほしいと願うことは何事であれ他者に対してもなすべし」という福音書（マタイ伝七・十二、ルカ伝六・三十一）の黄金律を引いている。ここに、ホッブズの議論の決定的な飛躍がある。

福音書の黄金律には、明らかに二人称世界の地平が開けている。そこでは、自分が相手の立場に立ち、相手の視点から自らの行為を内省するという視点の交換が前提とされているからだ。ホッブズの想定した自然状態は、一人称世界の対立的並存にすぎなかった。いったいその中からどのようにして、この二人称世界の地平が突然開けてきたのか。このことをホッブズは、自然状態には存在していないはずの福音書の黄金律によってしか説明できない。

書物の啓示による人間知が信用失墜し、相互不信にかられた敵対勢力が恒常的な闘争状態に陥ったとき、ホッブズはデカルトとともに人間の理性に知の源泉を求めた。孤独な内省行為は経験知が破綻したときの最後のよりどころとなった。その内省的自我は善悪も、正不正も、法も、権力も、所有も、支配も存在しない思考空間、ひとことで言えば、まだ社会が存在していない孤立状態の中で、一歩ずつ理性的推論を積み重ねていった。こうしてホッブズは第一、第二の自然法から始まり、第十九の自然法にいたるまでの理論的帰結をたどっていく。この意味では、ホッブズは間違いなく「自由な個人の合理的推論から出発して主権の存在を論証する」という近代的プロジェクトの開始点に立っていた哲学者だった。

ところがそのホッブズは、第二の自然法の段階ですでに理論的飛躍を冒《おか》さざるを得ない。孤立した理性は自らの命令に従おうとすると、どうしても他者に対する呼びかけ、問いかけを避けて通ることができなくなる。普遍性にいたるために一人称地平に立てこもったはずの内省的自我は、敵対する他者をどこかの時点で二人称地平に立つ隣人として扱わざるを得ない。孤独な理性は自らの内なる命令に従うために、二人称地平で他者との視点交換を行い、他者の応答を期待し、それを信じることへと不可避的に導かれていく。そして敵対する他者は、対話可能な隣人として合意形成の場へと招待される。

その後の歩みは比較的平坦だ。この合意の現実的有効化のためには監視役としての超越的権力が必要不可欠であることを、自然人たちは認識する。いったん合意を通じて超越者が樹立されてしまえば、人々はもうあの不安定な、二人称世界での腹の探り合いを必要としなくなる。それぞれが実定化された法を守りさえすれば、違反行為から生じる混乱は超越者の権限と責任において鎮圧される。国家は新たな三人称世界によって安定的に統治され、秩序は法の支配によって守られる。しかもその法は神の啓示によってではなく、人々が自発的に樹立した主権によって制定されたものだ。

こうなれば「他者にしてほしいと願うことは何事であれ他者に対してもなすべし」という福音書の黄金律さえ、もう必要ではなくなる。一人称世界から三人称世界への移行の際に必要不可欠な仲介役を果たしたあの他者への呼びかけは、ふたたび理論の舞台から去っていく。飛躍のために必要不可欠だった梯子《はしご》が、二階に到達した時点で無用な物として撤去された。二人称主語は一瞬の「道具」として使われただけだった。この一瞬の飛躍点はホッブズ理論の後景に退き、競合していた一人称世界はあたかも理性の力によって自前で三人称世界を再構築したかのように見えてくる。決定的媒介となったこの二人称地平に、ホッブズは理論構成上の正当な地位を与えなかった。ここにホッブズ理論の第一の問題点がある。

第二の問題点――必然と当為の混同

次に問われるべきは、ホッブズの言う「自然法」とはそもそも何を意味しているのかという点だ。ホッブズは自然状態において、各人が生存維持のために能力を行使する「自由」を自然権（羅 jus naturale / 英 the right of nature）と呼び、生存維持のために能力を行使する「義務」を自然法（羅 lex naturalis / 英 the law of nature）と呼んだ。権利と法は、日本語では意味の違う言葉だが、たとえばドイツ語の Recht などはその二つの意味を同時に含んでいる。ホッブズは jus（right）と lex （law）もよく混同されると述べて、前者は自由を、後者は義務を表す概念だとわざわざ説明を加えている。

ホッブズによれば、自然権とは「自然状態にある人間が彼自身の自然、すなわち自分の命を守るために自分の力を自分が望むように使用する自由」のことを言う。では人が近づけば素早く逃げていくウサギもまた、そうした自然権を行使しているのだろうか。この質問には、おそらくホッブズは否と言うだろう。なぜならウサギの行動は本能的行為にすぎず、そこには「逃げない」という選択肢はほとんど存在しないからだ。

「自分が望むように」とホッブズがわざわざ断っているのは、自分の命を守るために自分の力をどのように利用するかは、それぞれの個人の決定に任されているからだ。この決定の自由があればこそ、自己保存のために全力を尽くすことが「権利」としてイメージできる。ウサギにはこうした自由がほとんど与えられていないため、脱兎の反応は権利の行使とは言いがたい。ホッブズならおそらくそう答えるだろう。ホッブズの自然権はあくまで人間の自由意志を前提とした概念だ。

しかし、ここでホッブズは難しい問題に直面する。もし、人間に自然権行使の自由が与えられているとすれば、社会状態への移行に際しても、その自由はつねに決定につきまとってくるだろう。ある時点で共通権力の樹立に同意するかどうかも、その時々の人々の自由意志に任される。超越的な国家主権を確立する「必然性」を論証するには、どこかでこの自由を制約する強制力が必要だ。

そこでホッブズが持ち出すのが自然法という考え方だ。自然法とは、自然状態の中で孤立した個人が自らの理性によって発見したものとされる。ホッブズの説明によれば、それは自分の生命を破壊したり、生命維持手段を除去したりすることを禁じる一般的規則だ。つまり先の「自然権」は生き延びる可能性を追求する自由であったのに対し、こちらの「自然法」は生き延びる可能性を最大化する義務だと言える。

たとえば私が自分の生命の危険を前に、持てる可能性の半分しか行使しなかったとしよう。それでも私は不十分ながら自然権を行使したことにはなるだろうが、自然法には違反したことになる。なぜなら自然法は、自分の生存のために最大限の努力をするよう人々に命じているからだ。この命令は闘争を継続する自由を保障するのではなく、平和を実現する義務を人々に課す。これが第一の自然法と呼ばれるものだ。ただし、それでも平和が実現しなければ自然権を行使して、先制攻撃を含むあらゆる次善の策を講じるべきだと、この自然法は追加的に命じている。このようにホッブズの理論体系では、平和構築の義務としての自然法が自己防衛の自由としての自然権に先行している。

ここで注意したいのは自然法という言葉が含む二重の意味合いだ。幸い日本語には、この二重性を訳しわける「法則」と「法律」という別々の単語がある。私たちは星の運行や物体の落下速度を定めている法（law）を法則と呼び、犯罪の構成要件や刑罰を定めている法（law）を法律と呼んでいる。この二つの法にはどのような違いがあるだろうか。

大きな違いは、法則が「～であらざるを得ない」という必然（must）の表現であるのに対して、法律が「～であるべきだ」という当為（should）の表現だという点だ。法則はいったん破られれば法則としての資格を大きく損なう。しかし法律は破られても法律としての資格を失うことはない。法律には、明文化されていない場合でも、法則には見られない「違反可能な命令」が含まれている。当為は人間の自由意志を前提にしてはじめて成立する概念だからだ。

はたしてホッブズの自然法は言葉の本来の意味での「自然法則」なのか、それとも「自然法律」なのか。「必然」の表現なのか、「当為」の表現なのか。ここがホッブズの論証を検証する際の重要なポイントとなる。

ホッブズは、死の可能性に直面した人間はその可能性をできるだけ減らすように努力する「はずだ」（must）と言いたいのだろうか。それとも努力する「べきだ」（should）と言いたいのだろうか。もし、ホッブズが自然法の命令を前者のように必然の相で解釈しているとすれば、人間とウサギの行動原理は互いに似通ってくるだろう。その自然法が純粋な法則として当てはまる世界は、人間とウサギが同じカテゴリーで分析しうる世界であるはずだ。しかしホッブズの自然法がもし当為の表現であるとすれば、自然状態にいる人間はいったいどこからこの当為を入手したのだろうか。そしてそれが「当為」だとすれば、逆に、恒常的な戦争状態の中で人々が平和を希求することがなぜ「必然」だといえるのだろうか。

ホッブズは法が含意する必然と当為のこの二重性を、できる限り表面化させない形で議論を進めていく。必然の表現であるものをあたかも当為の表現であるかのように、そして当為の表現であるものをあたかも必然の表現であるかのようにホッブズは扱っている。そこには近代科学の法則を、法律の基礎づけにも援用しようとする意図が見え隠れする。

ただしホッブズは法律の本質については正確に理解していた。たとえば自然状態における万人の万人に対する戦いについて、ホッブズは次のような説明をしている。この戦争においては何事も不正ではありえない。ここでは正しい／間違っている（right and wrong）、正義／不正（justice and injustice）といった観念は存在し得ない。共通権力がないところには法はなく、法がないところには不正はないからだ。力と欺瞞は戦争における二つの徳だ。正不正は肉体の能力にも精神の能力にも属していない。それは孤独状態ではなく社会状態ではじめて生じる観念なのだ、と。

これは注目すべき発言だ。マキアヴェッリ（一四六九―一五二七）の影響を強く感じさせることの主張の中で、ホッブズは孤独な自然人に法は存在しないと明言している。不正は肉体の能力にも、精神の能力にも属さない。もし肉体や精神の能力に属しているのならば、それは感覚や情念と同様に、世界にたった一人で存在している人間の中にも存在したはずだ。しかし正不正は「孤独の中にある人間」ではなく、「社会の中にある人間」にのみ関係する。共通権力による法の制定以前には、公正と不正の区別はなく、同様に所有や支配、さらには「わたしのもの」と「あなたのもの」の区別さえない。このように言うことで、ホッブズは法、正義、所有、支配などが社会形成を経てはじめて成立する概念であることを明確に認めている。

ところがその一方で、ホッブズは自然法が社会形成以前の孤立状態の人間にも備わっていると主張する。とすれば、この自然法は原理上、他者に対する当為を含み得ない。その内実はあくまで自己保存の動機に支えられた戦略的必然性のはずだ。それはホッブズが感覚や情念や理性と同様に、孤独な自然人のうちにも認めていた本能的傾向を指す概念にすぎない。ホッブズの議論に立っても、それは本来の意味での「法律」ではなく、むしろ「法則」と呼ぶべきものだ。法則であれば必然ないし蓋然《がいぜん》の表現ではありえても、当為の表現ではありえない。ところが彼は国家形成以前の社会においても、あえて法という言葉を先行使用することで、この二つの含意の段差を均《なら》してしまう。そこでは自己保存の法則が、法律の先行形態としてイメージされており、必然と当為の境界線が曖昧《あいまい》化されている。ここにホッブズ理論の第二の問題点がある。

第三の問題点——原因と目的のすり替え

すでに紹介したように、ホッブズは冒頭の序説の中で、人工国家リヴァイアサンの「素材」と「製作者」はともに人間だと述べている。しかし自然状態にある人間は、当面は製作者としてではなく、素材として登場する。彼らは感覚やイマジネーション、さらには言語や理性や知識や情念を備えた国家の素材として、自分の生存拡大や幸福の最大化を目指して行動する。素材としての人間はもっぱら自らに備わった本能的傾向を原因として行動する。これに対して製作者は未来に設定した目的に向かって行動する。ではホッブズの自然人はいつ、どこで、原因に促される素材から目的に促される製作者へと脱皮し、共同で国家を樹立していくのか。

その最初のきっかけとなるのは、死を恐れ、快適な生活を求める情念の力であり、そのために好都合な平和条項を提案する理性の力だというのがホッブズの見解だった。そして、すでに見てきた飛躍点を越えて、自然人たちはやがて他者とともに自然権の一部放棄に合意するにいたる。

この場合、人々はその自然権を単に放棄する場合もあれば、特定の誰かに譲渡する場合もある、とホッブズは言う。いったん放棄ないし譲渡された自然権は、新たに使用権を得た人間が自由に使用することができる。したがって、その自由使用権は、もとの権利所有者によって妨げられてはならない。ただし、ホッブズは自分の命を守るという最後の自然権はいかなる条件下でも他者に譲渡する必要はないと断言する。したがって自分の命を自分の意志に反して要求するような自然権の譲渡契約はつねに無効だということになる。これは今日から見てもホッブズの普遍的人権主義をよく表している。

この条件下で、自然権の一部を相互に譲渡する行為をホッブズは契約contractと呼んだ。ただし、時には契約者の一方または双方が、一定期間後に権利譲渡をする約束を交わす場合もある。その間は、双方がその約束を信頼するという形で契約状態が保たれる。ホッブズはこうした契約を協定pact、あるいは信約covenantと呼ぶ。

信約は当然ながらきわめて不安定な契約であり、それを安定化するためには、相互の信頼関係に加えて、約束の履行を強制するのに十分な権利と威力をもった共通権力が必要となるだろう。こうした共通権力が存在しなくても、あの福音書の黄金律が守られるだろうと甘い想定をするのは、えこひいきや慢心や復讐《ふくしゅう》心にまみれた人間の生来の情念に反すると、ホッブズは言う。信約は剣をともなわなければ単なる言葉にすぎず、人々の安全を保障しうる強さをまったく持ち得ない、と。これは言い換えれば、共通権力の存在しない信約の段階では、国家の「製作者」になりつつある自然人も、いまだ国家の「素材」としての性質を強固に保ち続けているということだ。

このようにホッブズの論理は、いわば信約履行の保障の「ために」、超越的権力が双方から要請されるという形をとっている。

「ために」という語は日常的な言語使用の場でも、「原因」と「目的」の両方の意味合いを含んでいる。「風邪のために会社を休んだ」と「休養のために会社を休んだ」という文章の「ために」という語の差異は、ほとんど意識されることはない。これは「風邪を原因として会社を休んだ」、「休養を目的として会社を休んだ」という意味だが、この原因と目的という語を入れ替えることはできない。しかし意識的に考えない限り、両者の差異は私たちにはほとんど感じられない。この原因と目的の直観的な連続性が、ホッブズの自然人が「素材」なのか、「製作者」なのかを曖昧にする。それがもし原因であれば、自然人たちはなお「素材」の範囲にあるだろう。しかしそれが目的であれば、自然人たちは明らかに「製作者」となっている。

ホッブズの本来の意図は、超越者の発生を目的の連鎖によってではなく、原因の連鎖によって説明することだったはずだ。しかし信約履行の保障は契約の目的であって原因ではない。ホッブズの理論構成のどこかで原因が目的へとなめらかに受け渡されている。

　こうしてホッブズの自然人たちは、いつからか製作者としてたがいに信約を交わし、一人の人物または合議体に権威を付与し、その権威に、自己を統治する自然権を譲渡する。私はこの人物または合議体に私自身を統治する権利を与える。ただしそれは、あなたもまた同じように、あなたの権利をその者に与え、その者のすべての行為を権威づけるという条件においてである。このような信約を互いに交しあい、一つの人格に統合された人々の集まりこそ、ホッブズの定義する国家（羅 civitas／英 commonwealth）にほかならない。

　国家樹立とともに、ついに自然状態は社会状態へと移行した。そのさい人々から統治権を委ねられた人物または合議体は主権と称され、統合された人格の担い手となる。ちなみに王党派と議会派の内戦期に書かれた『リヴァイアサン』は、主権の分割不可能性や絶対性は明確に主張しているが、それが王であるべきか、議会であるべきかという具体的政体論については慎重に明言を避けている。ただし、分割不可能性を考えれば王権の方が現実的だろうという控えめな主張はなされている。

　ただ、いずれの場合にも確実なことは、いったん主権が確立されてしまえば、国家の製作者たちは主権に服する臣民（subject）となるということだ。この主権は信約に違反したあらゆる臣民に制裁を加えうるほどに強大でなければならず、それゆえ人々は信約の保証者としての主権に絶大な超越性を付与することに同意する。これがホッブズの描き出す史上最強の製作物リヴァイアサン誕生の物語だ。

いったんここまでくれば、その後の議論は具体的な国家論や制度論となる。主権の設立にはメンバー全員の賛成が必要なのか、それとも多数決で十分なのか。主権が設立された後、この主権には具体的にどのような権限が与えられるべきか。立法権は無条件に主権に付与されてよいか。主権が制定した法は、制定者である主権自身をも拘束しうるか。自発的意志によって国家を設立した人々は同じ自発的意志で主権を選びなおすことが許されるか、等々。いずれも重要なポイントではあるが、本書の中心的関心ではない。ロックやルソーなど、同じ社会契約説の系譜でも、これらの論点については自然状態と同様、さまざまな構想の違いが見られる。自然状態はホッブズが想定したような恒常的戦争状態なのか。それともロックが想定したような平和共存状態なのか。あるいはまたルソーが想定したような平和な孤立状態なのか。今日から見れば、こうした議論自体にはあまり意味がない。所詮、社会契約説はきわめて観念的な思考実験にすぎず、もともと歴史的検証に耐えうるような理論ではないからだ。

しかしここで重要なことは、ホッブズが構想する主権は、国家の「製作者」をふたたび、国家を形成する「素材」に転落させる可能性があるということだ。それはホッブズが素材としての国家成員と、製作者としての国家成員の間の差異を、推論の過程で曖昧にしてきたことと呼応している。素材に内在する原因から製作者の目的が発生する必然性をホッブズは十分に説明できない。ここにホッブズ理論の第三の問題点がある。

社会契約論の射程と限界

以上、三点にわたってホッブズ理論の問題点を指摘してきた。とはいえ、それによってこの挑戦の歴史的意義が失われた訳ではない。なんといってもこの理論は、人々の水平的関係から、いかにして垂直的関係が発生しうるかを説明しようとした先駆的な試みだった。自らの生命保持を求める自由で平等な個人は、合理的理性の命令に従う限り、いつかは自発的に超越者の擁立に合意せざるを得なくなる。もしこのことが説得力をもって説明できれば、科学の発展と教会の分裂によって聖なるものの権威を失墜させた近代社会は、空席となった超越者の座を、教会の力を借りることなく、もう一度自力で再構築できるだろう。それは泥沼化した宗派間闘争を世俗的権力のもとに服せしめ、平和の構築へと向かわせるための一歩となるかもしれない。また国家という共同体は、その構成員の自発的同意によってはじめて設立されるという思考実験は、既成の国家の正当性に革命的な変化をもたらすことになるだろう。なぜなら国民の合意を得ていない国家は、設立の趣旨からして国家本来の正当性を満たしていない不完全な統治体ということになるからだ。

個人の自由、平等、生存権の不可侵性といったいわば反事実的な規範的要求、そして超越的な主権者が人々の自発的合意による製作物であるというホッブズ国家論の基本前提は、今日でも憲法主義的な民主主義国家の原則として大きな影響力を持っている。その意味でホッブズ理論の革命的意義はどんなに強調してもしすぎることはないだろう。一種の思考実験を通じて規範の生成を理論的に根拠づけるという方法は、現代正義論に画期的な貢献をしたジョン・ロールズ（一九二一―二〇〇二）の議論などにも受け継がれている。

しかし、すでに述べてきたように、自由平等な「個」の生存権要求から出発し、「因果論的推論」を重ねながら、自然法の発生と国家設立の必然性を論証しようとするホッブズの議論には、理論的飛躍の瞬間が含まれている。第一は、万人の万人に対する闘争という一人称世界の中に、他者への問いかけという二人称世界が開けてくる瞬間。第二は、人間の情念や理性の基本傾向としての法則が、当為を含む法律へと転じる瞬間。第三は、国家の素材としての自然人が、国家の製作者として目覚める瞬間。

実のところ、こうした飛躍は、ホッブズの自然状態の中にもすでに目立たない形で登場していた。思い出してほしい。恒常的な戦争状態のもとでは、一人の強大な人間を、弱い人々が徒党を組んで襲う可能性があるとホッブズは論じていた。誰かと徒党を組んでより強い敵を攻撃しようとすれば、当然そこには仲間を裏切らず、一体として行動するという倫理と信頼関係が必要だろう。リーダーシップも、役割分担も、計画も、話し合いも、約束も不可欠だろう。自然状態の下部構造をなすこうした二人称世界や当為の要求や組織製作者としての能動性に、ホッブズは理論的な端緒をまったく認めていない。この種の媒介項をホッブズは合理的推論の守備範囲から目立たぬ形で除去している。そして一人称世界が、あたかもこうした下部構造の仲介なしに、主権者が支配する三人称世界へとなめらかに接続しうるかのような理論構成を採用した。それはこうした媒介項をなす二人称地平が、ホッブズの想定する合理的推論の守備範囲から逸脱していたからだろう。

ここから生じる結論は明らかだ。因果律の呪縛の中で、個人から社会を演繹的に基礎づけることは理論的に不可能だ。これは後に見るマルクスの価値形態論が陥った罠ときわめて似通っている。最終章で詳しく論じるように、社会理論は、人間を現実に動かしている帰納的推論に正当な理論的地位を与えない限り、下部システムから上部システムを導きだすことはできない。意図に反して、この不可能性を立証したことこそ、ホッブズ主権論の大きな功績だったと言えるかもしれない。

二　ヘーゲルの模索——市民社会はなぜ国家を必要とするのか

ヘーゲル哲学の基本旋律

二人称地平での相互行為に正当な理論的地位を与え、その行為を、秩序が形成され始める源泉であると見る、脱超越論的な社会哲学は、ヘーゲルをもって始まる。ヘーゲル哲学は難解で、しかもその対象は多岐にわたる。しかし、そこには繰り返し聞こえてくる基本旋律がある。しかもその基本旋律は、ヘーゲルの文章や概念とは対照的に比較的分かりやすい。ここでは、その基本旋律がもっとも明瞭に聞き取れる宗教哲学の一部を紹介しておこう。

宗教はその歴史的発展を通じて、最終的には啓示宗教という完成段階に達する。そう考えていたヘーゲルは、この最高段階を絶対的宗教とも呼んでいた。この発展はどのような理念的な経過をたどるだろうか。

低次の宗教は、人間の目的を投影したものにすぎない。それは神に発するものではなく、人間に発する。それは有限な人間の目的を絶対的なものとして崇めているにすぎず、その内実は迷信にほかならない。しかし、こうした段階の宗教は歴史を通じて、やがて高次の反省性を備えるにいたる。

ヘーゲルは一般に人類史の発展を三段階の学習過程として描こうとした。①主観的なもの（直接性）が、②自分と対立する客観的なもの（特殊性）を発見し、それとの相互行為を通じて③客観的なものを自らの意識内容とするような一段高い主観（普遍性）へと成長していく。これが基本パターンだった。この学習過程は人類史のあらゆる局面を貫通しており、各段階で反省性を高めながら一歩ずつ人類の自由が拡大していく。主観性は客観性を媒介としながら自らを対自化していく。この、主体の学習過程の最高原理をヘーゲルは「絶対精神」と呼んでいた。そこから見れば世界史は、この原理が現実化する過程であり、絶対精神の自己反省と自己実現の歴史とみなすことができる。

啓示宗教とは何か

宗教もまたこのような人類史の発展とともに、より高度な宗教へと進んでいく。そして最後に到達するのが、絶対精神の自己意識としての啓示宗教の段階だ。具体的にはキリスト教が念頭に置かれていることは言うまでもない。では最高段階の反省性を備えたとき、宗教はどのような形態をとるにいたるのか。

ヘーゲルによれば、最高段階に達した宗教とは神の自己意識にほかならない。自己意識は意識である以上、意識の対象を持っている。その対象はとりあえず人間と考えていいだろう。しかし、その人間もまた一つの意識だ。とすれば、神は人間の意識を自分の意識対象としているという理屈になる。

一般的に、意識する主体は自分の意識対象の中に自分自身を発見する。この考え方はヘーゲルの基本旋律を聞き取るために、きわめて重要なポイントだ。たしかに一面では、意識とは意識する主体と意識される客体とを区別する作用であるに違いない。しかし、だからといって区別されたものを別々の実体と考えてはならないとヘーゲルは言う。カントのように主体と客体を分離することに対して、ヘーゲルはつねに批判的だった。

それは啓示宗教の神についても同じだ。神もまた、自らの意識対象である人間の意識の中に、神としての自らの姿を確認する。ただし、この時の人間の意識は、あくまで神の意識対象としての意識だ。だから神の意識自体とは異なる。その違いは、神の意識は無限定なものであるのに対して、人間の意識は、神の意識対象にすぎないことによって、有限性という否定的契機に制約されていることだ。以上の事情はヘーゲルの言い方では次のようになる。

> 我々は宗教を神の自己意識として詳しく規定してきた。自己意識は意識である以上、ある対象を持っている。そしてこの対象の中に自らを意識する。ところがこの対象もまた意識である。しかし、それはあくまで対象としての意識であり、それゆえ有限の意識であり、神、すなわち絶対的なものから区別される意識である。そこには規定されたものとしての制限があり、有限性がある。神は自己意識である。神は、自分と区別される意識の中で自分を知る。
>
> （『宗教哲学講義』第三部「絶対的宗教」[*2]）

さて、重要なのはその次だ。ヘーゲルは、人間がその有限性の中でなお神を知ることができるのは、実は神が人間という有限な意識の中に、神自身の姿を見出すからだと説明する。人間が神を意識するのではない、神が人間の中に自分の姿を意識するのだ。これこそ「有限な人間が無限の神の本質を認識できるか」というトマス神学の問いへのヘーゲルからの解答だった。それは人間による神への信仰ではなく、神による人間への自己啓示だ。人間の信仰を神の自己意識として捉え直すことによって、信仰の主体は今や人間から神へ、そして絶対精神へと移る。そうなれば、神の存在証明を奇跡や外的な歴史事件の中に求めることはもはや不必要になる。なぜなら神は人間の意識を、自らの意識対象に選び、その意識対象の中に直接、自分自身の姿を告知するからだ。ふたたびヘーゲル自身の説明を聞いてみよう。

> 有限なる意識が神を知るのは、唯一、神が彼の中で自らを知るからである。かくして神は精神となる。それも神を崇める信仰共同体の精神となる。これが完成された宗教、自らにとって客観的となった概念である。ここに神が何であるかが啓示される。神はもはや彼岸でもなければ、未知なるものでもない。なぜなら神は、単に外的な歴史の中ではなく、意識の中で自らが何であるかを人間に告知したからである。[*3]

ここには二つの重要なポイントがある。一つは人間という有限な存在が、無限である神を知るのは、人間が神の意識対象だからだという説明だ。しかし、これとならんで重要なのは、神もまた人間という意識対象の存在によって、はじめて自分自身を啓示できるという側面だ。無限なる神も有限である人間を必要としている。まさにこの有限である人間を通じて、神ははじめて啓示された神という在り方を手に入れる。ヘーゲル流に言えば、普遍は特殊を通じてはじめて個別として存在しうるようになる。このような形で普遍が特殊を通じて個別へと客観化されたとき、ヘーゲルはそれを「概念」と呼ぶ。だからこそ、啓示宗教は「客観的となった概念」なのであり、その在り方において絶対的な宗教、完成された宗教となる。ヘーゲル哲学は、この啓示宗教の発展論理を主旋律とするさまざまな変奏曲として理解することができるだろう。

ヘーゲル宗教論の貢献と限界

このヘーゲルの議論は近代の社会哲学に新しい地平を開いた。その理由は、ヘーゲルの議論が、それ以前の社会哲学のような超越論的構成をとっていないことにある。啓示宗教では、神でさえ自らの啓示のために人間や信仰共同体の存在を必要としている。神ですら、人間以前には存在し得ず、世界の外側に立つ第一原因としての地位を主張できない。それはもちろん人間についても言える。人間は、自己の願望を彼岸に投影して神を創作する第一原因などではない。有限なる人間が無限なる神を信じることができるのは、無限なる神が有限なる人間に自らを啓示したからだ。

このように論じるヘーゲルの主体は初めから他者との関係の中に置かれている。そこでは主体がつねに他者への働きかけと他者からの応答を通じて自らの存在を確認していく。主体は自分自身が他者によって存在せしめられていることをつねに自覚している。それは、あの社会契約説の登場人物たちのように自己の安全や所有にだけ関心を持つナルシシスト的個我ではない。ヘーゲルの表現がどんなに抽象的であっても、その言葉遣いがどんなに奇妙であっても、その考察の出発点はあくまで現実の中に生きる人間だった。その主体は学習能力を持つ能動的で自己生成的な存在として捉えられている。

　ではその自己形成はどのような過程を経て進むのか。それは他者との相互行為を通じて進む。イェーナ時代のヘーゲルが考えたその相互行為の媒体は言語であり、愛情であり、労働行為だった。たとえばヘーゲルは恋に落ちた人のことを考えている。恋する人は自分自身を見失い、自分自身であるよりも、むしろ愛する人に愛される人間になろうとする。相手の中に自分を移し替え、相手の目から自分を見るようになる。しかしやがて彼は、こうして他者と一体化した自分を本来の自分自身に関係づけ、より高い反省性を備えた主体へと成長していく。いったんは愛する他者になりきった自分がもう一度自分の元へ回帰する。この学習過程を通じて、鏡の中の自分に恋していたナルシスは社会的人格として他者を愛し、共同体を形成するようになる。それは相互行為を通じて自分自身へと回帰するための「生成」の過程であり、これこそ「生きた実体」だ。この過程は終わりのない円環をなしており、一つの目的が達成されれば、それがまた次の出発点となっていく。ヘーゲルの分かりにくい表現によれば、この状況は次のように説明される。

生きた実体とは、その実体が、自分自身を定立する運動であり、みずから他者となりつつそのことを自分自身に関係づけ媒介するという、このかぎりにおいてのみ真に現実的であるところの存在である。〔……〕他であることにおいて自分自身へ帰ってくる反省、これが真なるものなのである。真なるものは、それ自身になりゆく生成としてある。それは円環、すなわち、前もって目的として立てた自分の終わりを初めとし、そして、それを実現する過程と終わりとによってのみ現実的であるところの円環である。

（『精神現象学』序論[*4]）

このようにヘーゲルの主体は他者との相互行為を通じて反省性を高め、社会的自我となっていく。この脱超越論的な関係概念は、利己的に孤立した個人から出発するブルジョワ社会哲学の根本的欠陥を修正するものだった。そこからマルクスがいかに多くのものを学んだかは『資本論』の商品論や貨幣論からも容易に見て取れる。

しかし、ヘーゲルの理論には大きな欠陥もあった。それは、歴史発展全体を意識哲学のカテゴリーで語ろうとする姿勢だ。あの啓示宗教についての議論にも見られたように、ヘーゲルの議論は、最終的には絶対精神という究極的概念の自己反省の運動に回収されていく。主体が他者との相互行為を通じてより高い反省的主観へと高められていくという「下からの運動」はいつのまにか、絶対精神がその意識対象である人間の意識の中に自分を啓示するという「上からの運動」に受け渡される。下からの運動は、いつ、どこで、なぜ、上からの運動に受け渡されたのか。ヘーゲルは、そのことを下からの運動の内部では説明できない。その限りでは、ここにはまだ超越論的観念論の残滓がある。これこそ、マルクスが批判した点だった。

市民社会と国家

ヘーゲルがベルリン大学の哲学教授となってから出版された『法哲学要綱』（一八二一）は以上のような歴史発展の原理（絶対精神）を、人間が具体的に作り出していくさまざまな制度（客観精神）の形成過程に応用したものだ。ここでの焦点は市民社会と国家の対立関係にある。

初期市民社会の政治哲学者たちはブルジョワジーが樹立する政治共同体をコモンウェルス（ホッブズ）、政治社会（ロック）、商業社会（スミス）、市民社会（アダム・ファーガソン）などさまざまな名前で呼んできた。しかし、いずれの場合にも「社会」と「国家」はほとんど同義のものとして、あるいは連続的なものとして捉えられていた。これに対してヘーゲルは欲求の体系としての市民社会と、倫理の完成態としての国家を、はじめて概念的に区別した。

制度（客観精神）を形成していくプロセスもまた宗教論と同様の三段階で捉えられている。客観精神は、①私的な所有権主張から契約へといたる抽象法から始まり、②一般的な道徳を経て、

③慣習や法体系からなる社会秩序へと成長を遂げていく。第一段階の抽象法とは、あのロックに見られたように、私的な所有権を保護するための契約にすぎない。そこにあるのはまだ道徳的要求ではなく、私的利益の保護要求だ。この抽象法は法と言ってもまだ道具的に理解されている。第二段階にいたると、それはカントに見られたように、普遍主義的な要求を持つ道徳となっていく。しかしここでもまだそれは個人が従うべき道徳にすぎない。それは第一段階のような利己的動機に発するものではないが、あくまで個人に依拠する普遍的道徳原則にすぎない。それが第三段階に達してはじめて具体化され、社会化される。この最後の段階をヘーゲルはジットリッヒカイト（Sittlichkeit）という、日本語には訳しにくいドイツ語で表現している。道徳が個の内なる規範を表現しているのに対して、ジットリッヒカイトは、規範が「社会」や「文化」や「習俗」の中に埋め込まれていることを強調する概念だ。「人倫《じんりん》」という訳語もあるが、ここでは右の区別を念頭においた上で「倫理」という一般的な言葉を使っておこう。

この倫理がさらに家族、市民社会、国家という三つの発展段階を経て、より包括的で反省性の高い客観精神へと成長していく。大雑把に言えば、自由を実現する共同体秩序は、①愛情によって結ばれた家族が、②自己利益を求めて経済活動を行う市民社会へと歩み出し、③そこでの闘争によって失われた統一を国家の内で回復する、という三段階をへて完成されていく。

ここで問題になるのが市民社会という第二段階だ。先に私たちはロックの市民政府論に一体として埋め込まれていた市民の二つの顔が、ルソーの時代になるとシトワイヤンの顔とブルジョワの顔に分裂していくのを見た。あのプロセスにこのヘーゲルの図式をあてはめると、とりあえずブルジョワとしての顔がヘーゲルの「市民社会」に、シトワイヤンとしての顔がヘーゲルの「国家」に取り込まれているのが分かる。

市民社会内部の二重性

しかし、ヘーゲル市民社会論の優れた点はそれだけではない。ヘーゲルは市民社会と国家の二重性に加えて、実はもう一つ市民社会内部における重要な二重性に着目していた。

一つはもちろん欲望の体系としての側面だ。市場における経済活動は、人と人とを競わせ、人間関係を実利的で冷淡なものにする。そして絶えず格差と貧困を生み出していく。ヘーゲルは特に市民社会が生み出す貧困や浮浪者問題に注目し、彼らを社会から排除してしまう傾向を批判していた。そこでは容赦ない競争による市民社会の排除的性格が前面に出てくる。この点ではヘーゲルはルソーの批判的視点を引き継いでいた。

もう一つは相互依存の体系としての側面だ。分業と商業の発展によって、市民社会の成員は誰しも他者に頼らずには生きていけなくなる。その面では市民社会の包摂的性格が前面に出てくる。この点ではヘーゲルはアダム・スミスの視点を引き継いでいた。

ヘーゲルは最初の著書『精神現象学』（一八〇七）をナポレオンのイェーナ進軍時に完成させた。

このイェーナ時代にヘーゲルは英語版の『国富論』をすでに読んでいた可能性が高い。[*5] ヘーゲルはイェーナ時代の講義録の中で、市民社会では労働が社会的相互行為にならざるを得ないことを指摘している。[*6]

もう一度整理しよう。まずヘーゲルは欲望の体系としての市民社会と、そこで生じる対立を有和する倫理の最高段階としての国家とを区別する。それはとりあえず、利益を目指すブルジョワの集団と、自由な共和国を目指すシトワイヤンの集団だ。

しかし、そのブルジョワ集団である市民社会にはさらに二つの性格が同居している。第一は格差を生み出す排除的性格であり、第二は全員を相互依存関係に取り込む包摂的性格だ。つまりここには、「市民社会の排除的性格」、「市民社会の包摂的性格」、そしてこの二つに大きく対立する「国家の倫理的性格」という三つの性格が共存していることになる。ここで問題になるのは、第二の「市民社会の包摂的性格」と第三の「国家の倫理的性格」との関係だ。市民社会の包摂的性格、つまりヘーゲルがスミスから受け継いだ経済的「普遍性」と、国家の倫理的性格、つまりルソーから受け継いだ政治的「普遍性」とはいったいどんな関係に立つのか。言い換えればスミスの遺産とルソーの遺産とは、ヘーゲルの体系の中でどのようにつながっているのか。この点がもう一つはっきりしない。

ここで思い出されるのが、宗教論の中で「下からの運動」が「上からの運動」へと受け渡される際に生じた飛躍だ。これに倣って言えば、スミス的商業社会の普遍性はいわば市民社会の「下からの運動」だ。それに対してルソー的国家の普遍性はいわば国家の「上からの運動」だ。この両者の接続部分、あるいは受け渡し過程がヘーゲルの体系では往々にして曖昧化される。

三　マルクスの苦闘——商品はなぜ貨幣を必要とするのか

哲学と科学

資本主義的生産様式、ことに商品や貨幣の機能や現象形態を分析するマルクスにはつねに一つのジレンマがつきまとっていた。それは、資本主義分析に必要不可欠な「哲学的次元」と「科学的次元」の間のジレンマだ。

商品や貨幣を分析するマルクスは、同時に二つの認識を持っていた。第一は、商品や貨幣にはいつでも「形而上学的な精妙さと神学的な気むずかしさ」がつきまとっているという、哲学的分析を通じた認識。そして第二は、商品や貨幣についての説明は論理的に厳密なものでなければならないという認識だ。マルクスは資本の運動法則を「科学的」に解明しなければならないと考えていたからだ。ここにもあの「因果律の呪縛」が根強く残っている。

ところが、この二つの認識にはすでに矛盾する要素がある。第一の認識に忠実であろうとすれば、フォイエルバッハの宗教批判や主客転倒論、あるいはヘーゲル的な関係論と同様の哲学的視座が必要不可欠になる。ところがその視座に立つと、すべてを因果関係の連鎖として理解しようとする因果論的な説明が貫けなくなる。そこには一見目立たない形で絶えず、あらゆる事象の背後に主体の意図（目的）を想定しようとする目的論的な議論が混入してくる。詳しくは次の最終章で論じるが、そこにはつねに人間の認識作用の習性が干渉してくるからだ。

他方、第二の認識に忠実であろうとすると、論証は往々にして数学的形式に近づいていく。そして数学的形式をとったとたんに、ヘーゲル哲学に見られたような関係論的な論理構成が後退し、本質論的議論が前面に出てくる。このように、ヘーゲル哲学の最良の遺産を受け入れることと、科学としての要求を満たすことの間には根本的な矛盾があった。この矛盾がいかにマルクスを苦しめたかを、ここでは『資本論』第一章のいわゆる「価値形態論」を例にとって説明しておきたい。価値形態論とは、貨幣の由来を商品の種々の価値形態から説明するための一連の議論だ。

ちなみに、この哲学と科学の間の矛盾には、ホッブズ以来、ヨーロッパ市民社会の社会理論を引き裂いてきたジレンマが遠くこだましている。しかしそれだけではない。ヘーゲルにいたるまでは「科学」と「哲学」はほとんど同じ概念だった。それはいずれも「世界と人間についての、理性的に根拠づけられた知識体系」を意味していた。しかし一八三一年にヘーゲルが死去し、翌年にゲーテが世を去った頃から、科学と哲学の一体感は崩れ始め、両者はやがて架橋不能なまでに乖離していく。その背景には十九世紀実証科学の飛躍的な発展があった。自然科学の重点は観察から実験へと移り、形態学や分類学は生理学や熱力学によって主役の座を追われる。マルクスとエンゲルスは、科学と哲学が同義語であった時代に教育を受け、両者が乖離していく過程で本格的な執筆活動を開始した。二人はまさに、この時代転換の意義をもっとも早く察知した先駆者だった。マルクスやエンゲルスの中に時折見られる比較的素朴な科学信仰は、この十九世紀的文脈の中で理解する必要がある。

価値形態論

価値形態論は『資本論』第一章で展開されており、全巻の中でもマルクスが特に苦労した部分だ。第二版の刊行時には初版の記述を大幅に書き換えてもいる。いったいなぜマルクスはそれほどまでにこの問題に苦しめられたのだろうか。そもそもこの問題はそれだけの苦労に値する問題だったのだろうか。

マルクス研究者の間でもこの問いへの答えは大きく割れる。この超難解な議論が『資本論』の冒頭部分に置かれたことで、この著作が多くの読者を失ったであろうことは想像に難くない。『資本論』を読むなら最初の三章を飛ばして第四章から読んだ方がいい、というアドヴァイスには今でも相当な根拠がある。筆者自身も学生に対してはそのように言うことが多い。貨幣の発生論を省略しても、資本主義社会の運動法則は何の問題もなく記述できるように見えるからだ。しかし他方で、まさにこの部分にこそマルクスの「可能性の中心」があると主張する論者も少なくない。概して価値形態論は『資本論』の科学的側面に注目する読者には評判が悪く、その哲学的側面に注目する読者には評判が良い。本書ではその間を縫って、マルクスがいかに「哲学」と「科学」の間のジレンマに苦しんだかを示す格好の事例として、価値形態論を説明してみたい。

価値の実体論的理解

マルクスは、商品が持つ使用価値と交換価値を区別することから『資本論』の議論を始めている。ちなみにこの区別自体はアダム・スミスがすでに用いていたものだ。使用価値とは商品に備わる具体的な有用性を言う。それは商品自体の素材的属性に由来し、商品ごとに質的な違いを持つ価値と言える。使用価値としての商品には特に不可解なところはない。

他方の交換価値は、一つの商品が他の商品と交換されるさいに、その交換比として表現される価値だ。ある商品の交換価値は当然、他の商品との相対的関係によって決まる。交換価値は質的な違いを均した量的な表現となる。これらの条件を前提として商品交換から貨幣が生まれるまでの経緯を説明しようとしたのが、マルクスの価値形態論と呼ばれる議論だ。ただしそれは、あの社会契約説と同じように、歴史的事実の再構成ではなく、あくまで理論的な思考実験にすぎない。

マルクスはまず、貨幣の存在しない状態で、小麦が、靴墨や絹や金《きん》と交換される状況を考える。同じ一クォーターの小麦が、靴墨ならばx量と、絹ならばy量と、金ならばz量と交換できるとしよう。そのとき、

> 小麦は、ただひとつの交換価値ではなくて、多様な交換価値をもつ。けれどもx量の靴墨もy量の絹もz量の金もともに一クォーターの小麦の交換価値であるのだから、x量の靴墨、y量の絹、z量の金その他は、相互に置き換えできる交換価値、すなわち相互に同じ大きさの交換価値でなければならない。そこから次のことがわかる。第一に、同じ商品の社会的に通用している交換価値は、同一のものを表現していること。しかし第二に、交換価値は、一般に、交換価値と区別されうる内容の現出様式、すなわち「現象形態」でしかありえないということである。（『資本論』第一巻、Ⅳ・五八頁、強調は引用者）

この出発点には、すでにいくつかの問題がある。第一は、多様な交換価値が同じ一クォーターの小麦と関係づけられているなら、そこに「同一」なるものが隠れているはずだという想定だ。そして第二に、もしそうであれば、多様に見える交換価値は、その同一なるものを「内容」とする「現象形態」にすぎないという想定だ。はたしてこれは適切な考え方だろうか。

たとえば私たちは毛色が異なる大小さまざまなネコを見ると、それが同じ科に属する動物であ

ることを直観する。しかし、それを「三毛ネコの中にも、黒ネコの中にもネコという同一のものが潜んでおり、個々のネコは、ネコ自体の内容の現象形態だ」と表現すれば、おそらく多くの人は違和感を覚えるだろう。そこにはネコという科に与えられた名称を「存在化」し、実体化しようとする意図が隠れている。

マルクスは右の文章に続けて小麦と鉄が一定比率で交換される次のような例をあげている。

二つの商品、たとえば小麦と鉄をとりあげよう。両者の交換比率がどうあろうとも、交換比率はつねにひとつの等式で表現できる。その等式では、ある量の小麦はなんらかの量の鉄に等置される、たとえば一クォーターの小麦＝aツェントナーの鉄のように。この等式は何を言っているのだろうか。二つの異なる物、つまり一クォーターの小麦の中にもaツェントナーの鉄の中にも同じ大きさの、ある共通のものが存在している（existieren）ということを、この等式は言っている。（同前）

マルクスはここでexistieren（存在している）という言葉を用いているが、本当にこの等式は、一クォーターの小麦とaツェントナーの鉄の中に何か共通のものが存在していると言っているだろうか。これは大いに疑問だ。マルクスの批判者たちが言うように、その等式は両者の属性ではなく、効用についての等式である可能性も十分にある。しかもその効用は必ずしも実体としての性質を持っている必要はない。

しかし、マルクスはあくまで商品自体の属性の中に、その共通のものを探ろうとする。具体的な使用価値は商品によってさまざまだ。だからその共通属性は、すべての使用価値を捨象した後にもまだ残るものでなければならない。それは何だろうか。


商品身体の使用価値を捨象するならば、そこにはわずかに労働生産物というひとつの属性しか残らない。

（Ⅳ・六〇頁）


これがマルクスの推論だ。そこでマルクスはこの共通属性を「価値」と名付けて、『資本論』の主な分析対象とする。この「価値」はすべての商品に共通するものだが、商品によってさまざまな現象形態をとる。それが先に見た交換価値だった。

ではその価値は何を基準にして測定されるのか。価値とは労働生産物であるという共通属性なのだから、価値量は当然ながら投入された労働量によって決まる。そして労働量はある時代のある社会をとってみれば、その商品を生産するために要する平均的な労働時間（社会的労働時間）によって決まるだろうとマルクスは考えた。

労働量を労働時間で測定するという発想には、なんといっても時代の制約がある。しかし、議論のポイントはそこではない。問題はマルクスが等式の背後に、交換以前に決定され得るような実体的なものを想定した点にある。もちろん実体的と言っても、それは使用価値を作り出すための具体的労働ではない。あくまで社会的に必要とされる抽象的な平均労働だ。それでも、一クォーターの小麦を生産するのに必要な労働量は、aツェントナーの鉄を生産するのに必要な労働量とは独立に算出できるはずだ。商品に含まれる労働が「いったん純粋な人間労働に還元されたあとで量的に評価される」（Ⅳ・七〇頁）というのであれば、原理上は交換以前に、あるいは交換行為とは独立に価値が決定できることになる。

社会契約説と古典派経済学

商品の価値は、そこに投じられた労働によって測られる。これは一般に労働価値説と言われる考え方だ。古典派経済学を代表するスミスやリカードもこの考え方を共有していた。

ここで彷彿《ほうふつ》と蘇ってくるのが、あの社会契約説の論法だ。政治秩序を形成しているのは人智を超えた神の意志ではなく、自由平等な人民の自発的合意だ。あらゆる人間は身分や職業とは無関係に抽象的なレベルでの同質性を共有している。それが労働による所有権発生が普遍性を持つ根拠でもあると、社会契約説は主張していた。

他方、古典派経済学もまた、経済秩序、中でも商品価格を形成しているのは人智を超えた神の意志ではなく、自由平等な市場参加者の自発的合意だと考える。あらゆる商品は形態や用途とは無関係に抽象的なレベルでの同質性を共有している。それが労働による価値発生が普遍性を持つ根拠でもあると古典派経済学は主張した。

こうしてみると、両者の論理構成は実に良く似ている。社会契約説がブルジョワ・イデオロギーの政治的表現であったとすれば、古典派経済学はその経済的表現だった。両者の議論の問題点は「はじめに個人（商品）ありき」という想定にある。そこには、関係に先立つ抽象的実体としての個人（商品）がつねに想定されている。片や一クォーターの小麦がある。その生産にはx量の総労働が投入された。片やaツェントナーの鉄がある。その生産にもx量の総労働が投入された。だから両者は等価のものとしていつかは市場で出会い、めでたく交換される。これがスミスの想定する古典派経済学のモデルだった。それは譬えて言えば、登場人物全員の秘密を知り尽くしている小説の語り手が、それぞれ数奇な運命を経てきた男女を、さまざまな誤解や行き違いの末にめでたく結び合わせる物語手法と似ている。

現実には、男性は女性の内面を知らず、女性は男性の内面を知らない。それはちょうど、小麦が鉄に投じられた労働量を知らず、鉄が小麦に投じられた労働量を知らないのと同じことだ。片方が迫り、片方が尻込みし、どこかで攻守を入れ替えながら対話を続け、最終的には互いに受け入れあい、落ち着くところに落ち着いていく。それはちょうど、小麦と鉄が市場価格の変動を通じて、互いに対話を続けながら、次第に安定した相場を発見し、落ち着くところに落ち着いていくのと同じだ。

ところが、古典派経済学という名の語り手は、こんな話し方をする。小麦と鉄にはそれぞれ労働生産物としての固有の価値がある。二つの商品は市場で出会う前に、おのおのに投入された労働量に応じた固有の価値を持っている。そしてそれが市場で出会い、適切な交換比を発見していく、と。いったいこの語り手は、どんな視点からこんな作り話をしているのだろうか。それは小麦の売り手の視点からでもなく、鉄の売り手の視点からでもない。このストーリーは登場人物を外側から見る超越論的な語り手によって語られている。一見客観的に見えるこの物語には一人称、二人称の視点を超越する三人称の人称構造が持ち込まれている。本当は男女の間の、商品同士の果てしない対話の成果であるはずのものが、その関係の中に属していない語り手の創作物であるかのように語られている。この語り手だけが小麦と鉄とに投じられた総労働を別々に知っている。それは神の視点であり、全能の語り手の視点だ。小麦と鉄とを外側から眺めているこの隠れた語り手にはまだ名前がない。しかし、やがてその名前が明らかになるだろう。「貨幣」という名前が。

もしマルクスの貨幣論がこの段階で終わっていたならば、そこには独自性といえるものはほとんどない。褒美《ほうび》はむしろスミスにこそ与えられるべきだろう。

価値の関係論的理解

しかし、ヘーゲル哲学者マルクスの本領はここから発揮される。

これまでの議論では、価値は交換以前に実体的に決定しうるかのように言われていた。しかもその実体論には密かに超越論的な語り手が招き入れられていた。しかし、マルクスはここから一転して、相互行為としての交換をあらためて二人称視点から語り直していく。

各商品所有者が交換を行う目的は何か。それは互いの商品の交換価値を交換することではない。交換の目的はあくまで相手の商品の使用価値を手に入れることにある。そのために自分の持っている商品の交換価値を差し出す。主観的には、これは使用価値と交換価値の交換だ。

たとえばAが布地の生産者であったとしよう。彼はBが所有する上着を手に入れたいと思う。Aが望むのはあくまで上着という使用価値を手に入れることだ。その手段としてAは手元の布地を交換手段として用いる。だからAの関心は、上着を基準にしたとき、自分の布地が相対的にどの程度の交換価値を持っているかということだ。その場合、上着は価値を測定するモノサシとなっている。他方の布地はそのモノサシで測定された相対的な価値として自分を評価する。マルクスは交換行為においてモノサシにあたるものを「等価物」、あるいは「等価形態の状態にあるもの」と呼び、そのモノサシで測定される側のものを「相対的価値」あるいは「相対的価値形態の状態にあるもの」と呼ぶ。つまり今の例で言えば上着が等価物、布地が相対的価値にあたる。

この事情をマルクスは以下のように要約している。原文では商品A、商品Bと書かれているものを、分かりやすいように布地、上着に置き換えて引用しておこう。

布地は〔……〕使用価値である上着を自分自身の価値表現の材料にする。布地の価値は、このように上着の使用価値で表現されることで、相対的価値の形態をもつのである。

（Ⅳ・八二頁）

同じ箇所でマルクスはヘーゲルの啓示宗教論を思わせる難解な言い回しで、次のようにも説明している。上着はその実物形態のままで価値形態をとることができる。しかし布地は上着と関係を結ぶことではじめて、自らの実物形態とは異なる価値形態を手に入れる。布地は、上着をいわば鏡のように用いて、その鏡に映じた自分の姿を相対的な価値として確認するのだ、と。

では、その鏡には布地のどんな姿が映っているのか。手触りや、色や、丈夫さといった属性を備えた自分の姿が映っているのだろうか。否、とマルクスは言う。上着という「価値鏡」に映る布地の姿は、個別的な質を洗い流した労働生産物としての量的属性だけだ。自分たちが交換しあえるということは、とりもなおさず自分たちが同じ人間労働の堆積としての抽象的属性を持っているからだと、その鏡は告げている。

布地が上着と一定比率で交換されるとき、その交渉にあたって布地は「自分の価値を作っているのは抽象的な人間労働だ。あなたの価値を作っているのも同じく抽象的な人間労働だ。だからわれわれは同じ抽象的価値を等価値として交換しようではないか」と語りかけるのではない。これはスミスの語り口だ。そんなふうに言う代わりに「自分はあなたの使用価値に等置できる相対的価値を持っている。こうしてわれわれが交換され、等置される限り、われわれはともに同じ抽象的な人間労働の生産物であるはずだ」という語り方をする。これがマルクスの説明の趣旨だ。先ほど見た実体論的説明は「はじめに価値ありき」という説明だったが、ここでは「はじめに交換ありき」という説明になっている。このあたりの議論がマルクスの真骨頂と言える（以下、引用に際しては、原文でリンネルとなっている部分を布地と訳しておく）。

商品価値の分析がこれまでわれわれに言ってきたことを、布地自身が他の商品、たとえば上着との交渉に入るやいなや言うのである。ただ布地は自分だけが話せる言葉、つまり商品語で、自分の考えをひそかにもらすにすぎない。人間労働という抽象的属性をもつかぎりでの労働が布地自身の価値を作るのだと言うために、布地はこう言うのである。上着は布地と等しいとされるかぎりで、すなわち価値であるかぎりで、布地と同じ労働から成り立っていると。
（Ⅳ・八一頁）

決定的飛躍を経て貨幣へ

ただし同じ交換行為を、逆に上着を売って布地を受け取りたいと思っている側から記述すると事態は正反対になる。

いうまでもなく、二〇エレの布地＝一着の上着、すなわち二〇エレの布地は一着の上着に値するという表現は、一着の上着＝二〇エレの布地に値するという反照関係をも含んでいる。しかし上着の価値を相対的に表現するためには、私は等式をひっくりかえさなくてはならず、そして私がそれをすればただちに、上着ではなくて布地が等価物になる。したがって、同じ商品は、同一の価値表現のなかでは同時に二つの形態をおびて登場することはできない。そうではなくて、両形態はたがいに両極へと排除しあう。（Ⅳ・七六頁）[7]

Aから見ればBの上着が等価物、自分の布地が相対的価値だった。しかしBから見れば同じ交換がまったく逆に見える。ここで注目すべきは、等式の左辺と右辺をひっくり返すと、等価物と相対的価値を入れ替えることになるというマルクスの指摘だ。数学では、等号の両辺を入れ替えることによって等式の性質や意味が変化することはない。等号は等値関係についてのみ使用が許される記号だ。

ということはとりもなおさず、この段階でのマルクスの議論は数学モデルにはなっていないということだ。入れ替え不可能な両辺は厳密には等式では結べない。ここで想定されている商品交換は、あくまで「質」と「量」の交換であり、「量」と「量」の交換にはなっていないからだ。したがって、ここで敢えて等号を用いて説明しているのはマルクスの大きな誤り、ないしゴマカシだと言わざるを得ない。この段階での交換を超越者の視点から眺めて、あらかじめ決定されている二つの価値の交換であるかのように記述するのは適切ではない。商品交換が純粋に量と量の交換として記述できるためには、なお多くのステップを経る必要がある。

さてここから、マルクスは商品交換の拡大にともなっていかに貨幣が成立していくかを説明しようとする。先ほどの例で言えば、布地の相対的価値は上着という等価物によって決まった。しかし布地は上着としか交換できないわけではない。使用価値を持つその他の等価物を基準にして、布地はその都度いろいろな相対的価値を受け取る。布地の相対的価値は、上着を等価物にすれば上着との交換価値で表現され、お茶を等価物にすればお茶との交換価値で表現される。布地の価値はその都度、多種多様な現象形態としての交換価値をとる。ところが、布地と交換される商品リストが長大化していくと、布地を扇のかなめにして、一連の等価物が次第に一つにつながっていく。上着は一つの等価物として布地の相対的価値を決め、お茶も一つの等価物として布地の相対的価値を決め、コーヒーも一つの等価物として布地の相対的価値を決め、小麦も一つの等価物として布地の相対的価値を決める、という具合だ。マルクスはそれらを引き続き等号で結びつける。

そして、次の瞬間に決定的な飛躍が起こる。すなわち等式の左辺と右辺を入れ替えるという操作だ。そうすれば上着も、お茶も、コーヒーも、小麦も、今度は布地を唯一の等価物として、一斉に統一的な相対的価値形態を受け取ることができる。

展開された相対的価値形態は、

二〇エレの布地＝一着の上着

二〇エレの布地＝一〇ポンドの茶、等々

のような単純な相対的価値表現または第一形態の等式の総計から成り立っているにすぎない。

しかしこの等式のどれも、左辺と右辺を逆にしても同一の等式である。すなわち、

一着の上着＝二〇エレの布地

一〇ポンドの茶＝二〇エレの布地、等々。

（Ⅳ・九九頁、強調は引用者）

これまでは多種多様な等価物が、布地という商品の相対的価値をばらばらに決めていた。ところが逆に布地が一般的な等価物と化した瞬間に、それまでばらばらな等価物であったものが統一的な相対的価値形態を得る。ここまでくればもう、布地のかわりに特権的な一般的等価物としての金《きん》が登場するのは時間の問題だ。やがて金《きん》は相対的価値形態を免れた唯一の商品として、他のすべての商品に相対的価値表現を与える。これが貨幣誕生の瞬間だった。こうして貨幣は一般的な等価物となる。商品世界の超越的な語り手が、ついに交換の内部から誕生した。市民社会の運動が倫理的国家を内部から生み出したように。こうして神学的な超越者である貨幣の出生の秘密

が科学的に明らかにされた。同時に、ヘーゲルの観念論はマルクスの唯物論によって克服された……かのように見えたのだが。

もう一度考えてみよう。左辺と右辺を入れ替えれば、等式の意味が反転し、同じ等式とはみなせなくなると主張していたはずのマルクスが、なぜこの段階ではこうもあっさりと「この等式のどれも、左辺と右辺を逆にしても同一の等式である」などと言ってのけられるのか。マルクスの等号はいつ、どのようにして非数学的記号から数学的記号へと変身を遂げたのか。質と量の交換は、いつの時点で量と量の交換になったのか。二人称的な発見過程は、いつ三人称的な交換過程になりえたのか。この疑問にマルクスは答えていない。おそらく答えられなかっただろう。「商品」から出発して「演繹的推論」を重ねながら「貨幣」の出現の必然性を証明しようとするマルクスの計画は、「個人」から出発して「演繹的推論」を重ねながら「主権」の出現の必然性を証明しようとしたホッブズの計画とまったく同じ理由から失敗せざるを得ない。

そもそも両辺を入れ替えることによって布地が相対的価値形態から一般的等価形態に転化するというのは、具体的に何を意味しているのか。価値形態論が生み出す難問を解決したければ、このことを考えてみる必要がある。

それは上着を譲渡して布地を手に入れる人が、その布地を必ずしも使用価値とだけ見る必要がなくなったことを意味している。今やその布地は、場合によってお茶や小麦といった他の等価物とも交換しうる、一般的交換価値をなしている。上着をいったん布地と取り換えてしまっても、必要に応じてその布地は再度お茶や小麦に取り換えることができる。この事実を上着の所有者が前もって予測できるほどに、布地を中心とする交易関係が成熟を遂げているということ——これこそ左辺と右辺を入れ替えうるということの現実的な意味にほかならない。両辺の入れ替えを可能にしているのは、数学的な操作ではなく、あくまで現実的な可能性だ。交換を許す要因は等式の中ではなく、現実の中にある。

だとすれば、とりもなおさず布地がすでに一種の擬似貨幣として通用する現実があるということだ。それが商品の交換リストが長大化するということの意味だった。左辺と右辺を入れ替えることによって布地が一般的等価物と化すという転換を、マルクスはあたかも数学的処理として理論に組み込み、しかもそれを貨幣の発生根拠に仕立て上げている。しかし実のところ、この両辺の入れ替え操作は擬似貨幣の実在を前提にしてこそ、はじめて可能となる。両辺の入れ替えが禁じられるか、許されるかを決定するのは、思考操作としての「観念的な抽象性」ではない。それはあくまで現実過程そのものが複雑化の中ではじめて手に入れる抽象性、いわば「実在的な抽象性」と言える。それは経済の複雑性レベルが高まっていく現実過程の中ではじめて実現する。マルクスの議論における両辺の入れ替え可能性は認識論的条件としてではなく、存在論的条件として与えられている。この点を曖昧にしたことが、マルクスの価値形態論の大きな欠陥だった。

註

＊1 ホッブズ『リヴァイアサン（一）』水田洋訳、岩波文庫、一九九二年。以下は同書の頁数のみ示す。

＊2 G.W.F. Hegel, *Vorlesungen über die Philosophie der Religion II, Vorlesungen über die Beweise vom Dasein Gottes*, Frankfurt a. M.(Suhrkamp) 1969, 8. Aufl. 2013 (stw 617), S.187.

＊3 同前。

＊4 ヘーゲル「精神現象学序論」山本信訳、『ヘーゲル』岩崎武雄責任編集、中公バックス（世界の名著44）、一九七八年、一〇一頁以下。

＊5 スミスの死の翌年の一七九一年にバーゼルで出版された版。これについては植村邦彦『市民社会とは何か――基本概念の系譜』平凡社新書、二〇一〇年、一一五頁以下参照。

＊6 G.W.F. Hegel, *Gesammelte Werke*, Band 8, Hamburg(Felix Meiner) 1976, S. 224f.

＊7 布地の長さを測る単位。約五十センチ。

第七章
現代社会理論の条件

一 哲学から科学へ

類的本質とは何か

すでに何度も見てきたように、若いマルクスは人間の「類的本質」を、アリストテレスふうに社会的共同存在として理解し、賃金労働が人間をこの類的本質から疎外していると主張した。向こう側には「社会的」に理解された生産関係があり、こちら側には「自然的」に理解された類の共同体がある。このマルクスの理解を、私たちもここまで受け入れながら議論を進めてきた。しかし、あらためて考えなおすと、一つの大きな疑問がわいてくる。マルクスはなぜ、疎外や物象化の原因自体もまた人間の類的本質に潜んでいるとは言わなかったのだろうか。「賃金労働関係があたかも物のように自立化し、類的本質に敵対するにいたる」と主張したとき、なぜマルクスはその賃金労働関係自体が人間の類的本質の作品だとは考えなかったのだろうか。

類的本質は、本当に、資本主義の受動的な被害者だったのか。筆者の答えは明確に「否」だ。むしろ人間の類的本質こそは、資本主義の能動的製作者だった。資本主義的生産様式が類的本質に刃向かっているのではない。資本主義的生産様式を生み出した類的本質が、社会的共同存在としての類的本質に刃向かっているのだ。真の分裂は資本主義と類的本質の間にあるのではなく、類的本質そのものの内にある。そのように理解してはじめて、資本主義批判は言葉の真の意味で根源的《ラディカル》な現実批判、人間批判となるだろう。

本当のところマルクスは、資本主義を支える不可欠な要因が人間の類的本質の中に潜んでいることを知っていた。人間は関係の所産であるものを実体化したり、自ら生み出したものを自分の主として物神化したりする。手段を自己目的化し、原因と結果の位置を絶えず取り違える。こうした認識上の錯誤は、資本主義的生産様式や貨幣のフェティシズムを成立させるための重要な条件をなす。この事実をマルクスは鋭く察知していた。マルクスの社会理論が二十世紀後半に、経済学者よりもむしろ哲学者たちの関心を強く惹いた理由もここにある。

ただマルクスは、なぜ人間が繰り返しこうした錯誤に陥るのかを十分に説明できなかった。それゆえこうした錯誤をも時に生産関係の産物として描いた。「人間の社会的存在が人間の意識を規定する」（『経済学批判』序言、Ⅲ・二五八頁）と、マルクスは主張した。マルクスの理論自身のうちに、あの「位置の取り違え」が生じていた。以下ではこの問題を現代の視点からあらためて考えてみたい。

存在論と認識論の狭間で

宇宙はビッグ・バンから始まり、その一部である銀河系の、そのまた微小な一部である太陽系の一惑星に、偶然にも生命という自己複製システムが誕生し、その生物が、長い進化と系統発生の歴史を経て、ついに人間という高度な能力を持つ類を生み出した。これが現在、一般に知られている自然史のストーリーだ。

もちろん最新の科学理論といえども不完全な知識にすぎず、新たな知見に基づいて修正されていく。ただし自然科学の理論は、経験に基づく反証によってしか書き換えられない。こと自然史に関する限り、自然科学の成果は少なくとも聖書の天地創造物語よりはるかに説得力がある。

生物は自己と非自己とを区別する自己複製システムだ。そして、このシステムを維持するために外界についての情報を独自のアルゴリズム（処理手順）に従って選択的に獲得し、処理している。生存に必要なこうした情報の獲得と処理を「認識」という言葉で呼ぶならば、すべての生物はその生物種固有の方法で世界を認識していると言える。また情報の入出力を媒介するアルゴリズムを一つの推論とみなすならば、そこには低次の「理性」が存在しているとも考えられる。ある生物が独自に認識する対象の総体を「環境」と名付けるならば、各生物をとりまく環境は絶えず変化し、複雑化する。その環境に適応し、生命を維持するには、理性のアルゴリズムもまた書き換えられ、進化を遂げる必要がある。それに成功した種だけが絶滅を免れる。

理性は通常、自らが従っているアルゴリズム自体を認識することはない。ところが人類にいたって、理性はついにアルゴリズムをおぼろげに予感しうるまでに高度な進化をとげた。これによって人間の理性は、自らの認識自体を認識対象とする、高次の反省機能を備えるようになる。こうした高次の反省機能をもった理性を「意識」と呼ぶならば、人類は意識的な理性を獲得することで、認識の範囲と自由度を格段に拡大した。今や生存に不可欠な外的環境についてのみならず、自らの意識が生み出す内的世界もまた人間にとっての環境の一部となる。

しかし、このような反省性を身につけた理性は、新たな苦労も抱え込む。飛躍的に奥行きを増した思考空間の中で、脱中心化した理性は自由に遊びまわる。そして理性の当初の目的を超えて、認識の対象と範囲を拡大する。ところがやがて理性は、自分の認識対象が果たして実在世界に属しているのか、それとも自分の認識能力の産物なのかを判然と区別できなくなる。今自分が関わっているものは「存在」なのか、「認識」なのか。存在論と認識論に引き裂かれた哲学史からは、いつでもこの理性の戸惑いの声が聞こえてくる。存在はすべて認識が生み出しているという一方の極端から、認識はすべて存在が生み出しているという他方の極端にいたるまで、哲学者の見解は千差万別だ。実際、自らの想像力が生み出したものを実在世界に存在するものと取り違える傾向は、文化史のいたるところに見出される。そもそも自分たちの系統発生史的進化に人類が気づいたのはせいぜいここ百年あまりのことだ。人類の高度文明は数千年にわたって種々の天地創造物語を実在世界の説明として受け入れてきた。

近代の哲学史は、理性のこうした混乱と限界についての反省を開始した。認識論の側からは、そもそも認識を可能にしている能力自体はどこから来たのかという新たな疑問が提出された。認識能力自体は認識の成果ではありえない。人間の認識は、何も書かれていない白紙の上に経験が書き込まれたようなものではない。むしろ人間に備わった認識能力こそが経験を可能にしている。しかもその能力自体は経験を通じて得られたものではなく、生得的に与えられたものだ。その能力は万能ではなく、あらかじめ定められた守備範囲と限界を持っている。カントはこのような観点から、意識を持つ特殊な存在者の認識を可能にしている「超越論的」条件を考察した。そこには希望の種もあれば絶望の種もある。人間が認識している現象世界が理性による構築物だとすれば、世界の創造者としての主体の能力に希望がわいてくる。しかし、人間がけっして世界自体を認識しているわけではないとすれば、ドイツの作家クライスト（一七七七―一八一一）のように、本当の世界について何も知り得ない主体の無能力に絶望するほかはない。

また存在論の側からは、なぜ存在の歴史の中に、自らの存在を気にかけ、自らの死に不安を抱くような特殊な存在者が存在するにいたったのかという新たな疑問が提出された。このようなあり方をする存在者は、自分自身を認識の主体として理解し、世界を認識の客体の地位に貶めてしまう誘惑にさらされる。それによって自分を世界の中心に置き、自分自身を生み出した存在の歴史を忘れてしまう。ハイデガーはこのような観点から、意識を持つ特殊な存在者の存在を可能にしている「存在論的」条件を考察した。そこにも希望の種と絶望の種がある。宇宙の片隅に途方もない偶然によって生命が誕生し、果てしない系統発生の歴史を経て、ほんの一瞬、数十年の生命を与えられている個体が今ここに存在しているとすれば、その存在自体の貴重さとかけがえのなさは一つの奇跡であり、希望であるだろう。しかし同時にその個体の生と死は世界にとって何の意味もない瑣末事でしかないとすれば、人生の無意味さに絶望するほかないだろう。人間は一本の蘆《あし》でしかないことに絶望するか、人間が考える蘆であることに希望を託すか。自己の限界と可能性を知った人間理性のこの悩みが、哲学史全体を貫いている。

こうした哲学史の奮闘ぶりを見ると、人間の理性が自分自身の存立条件についていかに高度な反省能力を身につけてきたかがよく分かる。しかし、哲学者たちの答案は例外なく難解だった。二十世紀後半になって、この設問に対して哲学者よりずっとエレガントな答案を提出したのは、進化論的認識論の研究者たちだ。以下ではこの研究成果を紹介しながら、類の本質とは何かを根本的に考えてみたい。

進化論的認識論

進化論の立場から見ると、哲学上の存在論と認識論の関係は、物理学と生物学の関係に似ている。生物学はいかなる場合でも物理学のルールに逆らうことはできない。その意味で、物理学は生物学の土台をなしている。しかし、だからといって生物界で生じることをすべて物理法則で説明できるわけでもない。あらゆる生物が持っている自己保存のための戦略などはその一例だ。生物界には物理法則への違反行為こそ皆無だが、そこには「個体」や「目的」といった、物理学の知らない概念によってはじめてうまく説明のつく現象が多数存在する。下位にある物理学は上位にある生物学が動きうる外枠をあらかじめ定めている。しかし上位には、下位には存在しない創発的な秩序があり、その秩序を下位のカテゴリーだけで記述することはできない。この関係は理性の下位システムに目を向ける存在論と上位システムに目を向ける認識論についてもあてはまる。

この事実は、実在世界がピラミッド型の階層構造をなしていることを示唆している。底辺には量子があり、その上に原子、元素、分子、化合物、生体分子、原細胞、細胞、単細胞動物、組織、器官、動物、個体、群れ、社会といった上位層が積み上げられている。各層を構成する要素数は上位にいくほど減少する。量子は十の八十乗レベル、生体分子は三十乗レベル、器官動物は十乗レベルといった具合だ[*1]。これに反比例して、要素間の関係は上位にいくほど複雑化する。複雑性の発生源はあくまで下位層にあるが、下位層から偶発的に生まれる複雑性の中から持続的な秩序が選別される。そしてその秩序が下位層に対する制約条件となったとき、一つの上位システムが出来上がる。ちょうど、個人が作り上げる集団が個人のあり方を制約するようになったときに上位システムとしての社会が成立するように。その際、社会の秩序は下位層には存在していなかったものであり、その意味では上位層で創発したものだ。そしていったん上位システムが成立すると、それは下位層の保存条件として下位層に先行的制約を課す。下位システムは上位システムに対して原因(構成的な原理)として作用し、上位システムは下位システムに対して目的(統制的な原理)として作用する。

こうした階層的世界理解の上に立って、生物の行動と認識を進化論的に説明するのが進化論的認識論の目標だ。この研究分野は動物行動学(コンラート・ローレンツ、イレネウス・アイブル＝アイベスフェルト)、進化論的認識論(ドナルド・キャンベル、ルーペルト・リードル、ゲルハルト・フォルマー)、発生的認識論(ジャン・ピアジェ)、言語生得論(ノーム・チョムスキー)、科学進化論(カール・ポパー)など、数多くの学際的研究の成果として形成されてきた。これによって理性が無意識的に準拠しているアルゴリズムにも徐々に光が当たり始めた。

生得的教師としての擬合理装置

たとえば、私たちは同じ長さの線分の両端に内向きの矢印を付けた場合と、外向きの矢印を付けた場合とでは、線分の長さが違って見えることを実験的に確かめることができる。しかし、だからといってこの錯覚の由来を理論的に説明したり、いわんやこの錯覚自体をなくしたりすることはできない。確認できるのは、そこに前意識的な認識処理装置が作用しているという経験的な事実だけだ。心理学者のエーゴン・ブルンスヴィクはこうした処理システムを、理性に似た働きをするものという意味で「擬《ぎ》合理装置」（ratiomorpher Apparat）と名付けた。[*2] この擬合理装置は各生物が生得的に身につけている。しかもその戦略はさまざまな進化レベルを通じて連続的に保持されているという。その戦略の基本性格をドナルド・キャンベル[*3]（一九一六―九六）とコンラート・ローレンツ[*4]（一九〇三―八九）は「仮説的実在論」と呼んだ。それは以下の理由による。

この擬合理装置は、認識行動を開始するにあたって世界が実在していることを想定する。だからソフィストたちのように「この世界は本当に実在しているのか」などという問いを発することはない。擬合理装置は正確さよりも効率を、必然性よりも蓋然性を愛している。というのも、そもそも目指しているのが厳密に世界を理解することなどではなく、その中で「生き延びる」ことだからだ。その点、議論好きの暇人《ひまじん》たちとは正反対だ。時間を持て余している理論家にとっては、千分の一でも成り立たない可能性のある命題は真理とは言えない。しかし、生物の擬合理装置は九九・九％の確率があれば、躊躇《ちゅうちょ》なくこれを一〇〇％とみなして先に進む。

効率を優先する擬合理装置は、実在世界からの情報を内気な子供のように受け身で待つことはない。むしろ一定の仮説のもとにさっさと予測を立てていく。そしてその予測が外れた時にだけ少し立ち止まる。それでもなかなか仮説を撤回しようとはしない。とはいえ仮説に基づく予測が繰り返し外れて、そのたびに不快な事態を招けば、さすがにしぶしぶそれを修正する。そして新しい仮説を立て直し、それが何度も成功すれば、その仮説をようやく学習していく。この点、擬合理装置はきわめて保守的だ。いわんや、擬合理装置自身のアルゴリズムを書き換えるよう迫る要求には、まず屈することはない。その点では超保守主義者と言ってよいだろう。

生物学者はこうした学習過程を、遺伝子による第一段階の学習と、個体による第二段階の学習とに区別している。第一段階は途方もない時間を投じて慎重に行われる。高等動物の遺伝子に種の特徴が組み込まれるのには百万年ほどの時間が必要だ。だから長続きしないような条件はこの学習項目にはまったく取り入れられない。それが第二段階の個体学習になると、学習のテンポは七桁から九桁加速され、百万年が数日から数時間にまで短縮される。[*5] パブロフの犬で有名になった「条件反射」も、こうした第二段階の学習だ。これならうっかり永続性のないことや種の保存に好ましくないことを学んでしまっても、学習成果はその個体の死とともに失われる。

こうした擬合理装置は、どんなに私たちが意識していなくても、つねに私たちの判断を一定の方向に導いていく教師役をつとめている。それゆえコンラート・ローレンツはこうした作用を「生得的教師」と呼んでいた。[*6]

たとえば私たちに2・4・6という三つの数字が与えられたとしよう。そのとき、擬合理装置は、そこには秩序があるはずだと想定してかかる。逆に言えばこれが単なる偶然の乱数ではないと考える。しかもその秩序はまだ見ていない第四の数字にも現れてくるはずだと先行的な判断をする。だからこの三つの数字を見たとき、私たちは特に強く意識することなく、次には8という数字が来ることを期待する。これはけっして、デカルトやホッブズが愛する演繹的推論ではない。そもそも三つくらいの数字を見て法則を予測するというのは、とんでもない早合点だ。しかし、擬合理装置はその時点ですでに期待を形成する。それは必然性ではなく、あくまで蓋然性に基づく直観だ。そしてその後に8・10・12と続けば、その推論は確信に変わる。12の次に13が来れば、私たちの直観は自分の仮説の間違いよりも、むしろ13という数字の間違いを疑うだろう。しかし、2・4・6の次に1がやってくれば、そこで私たちははじめて、おやっと思う。そして次に3とくれば、2・4・6・1・3という数字を見て、先に触れた「あっ、そうか体験」をする。そして新たな仮説を立てて5という数字を期待する。それはサイコロの目の数だったようだ。

こんなふうに仮説的実在論者である生得的教師は、私たちの認識にいつでも先行的な期待を吹き込んでいる。では擬合理装置は具体的にどのような仮説を立てて現実に対処しようとしているのか。ここでは、この分野で注目すべき見解を発表してきたルーペルト・リードルの説を簡単に紹介しておこう。*7

第一の仮説――蓋然性仮説

すでに述べたように、擬合理装置は世界の実在性を前提として認識行動を開始する。リードルは、この装置が四つの基本仮説を立てて、環境情報を効率的に獲得していると主張した。仮説というとじっくり考えられたもののように聞こえるが、実際にはいずれの仮説も無意識のうちに立てられる。意識にのぼるのは、その仮説が経験を通じて反証され、あてが外れた場合だけだ。だから仮説といっても、私たちの意識には「なんとなく当たりをつける」、「それとなく期待する」といった心の動きにしか感じられない。

第一の仮説は蓋然性仮説と呼ばれ、三層の仮定からなっている。第一層は、一度起こった現象は再度観察されるという仮定。第二層は、世界の秩序形式は繰り返し再現されるという仮定。第三層は、秩序ある世界が実在しているという仮定だ。それは「この世界には恒常的な秩序が存在し、多くの経験は高い蓋然性で反復され、それゆえ予測が可能なはずだ」という期待を無意識的に生み出す。

この仮説があればこそ、2・4・6というわずか三つの数字を見ただけで、私たちの擬合理装置はその秩序を探そうとする。「秩序は存在するだろうか、しないだろうか」と自信なげに情報を受け取るのではない。「秩序は存在するはずだ。さて、それはどんな秩序だろうか」という問いから擬合理装置は活動を始める。しかもその秩序の恒常性や再現性すら想定されている。だから、目の前の事例から得られた秩序は、未来にも、他の場所にも応用可能だと思い込んでいる。

こうして擬合理装置は既知の法則を躊躇なく未知の分野にも敷衍《ふえん》する。この操作は一般に「外《がい》挿《そう》法」と呼ばれる。先の例で言えば、2・4・6という数列から読み取れる規則性を、それに続く数字に外挿することで8・10・12という数列の予測が得られる。この外挿法をもとにした推論は一般に帰納《きのう》的推論と呼ばれる。これは特殊なものから一般的なものを導き出す推論で、各種の「発見法」の代表的手法でもある。

その対極にあるのは、前章で詳しく見てきた演繹的推論だ。こちらの推論は、公理系の第一命題から必然的に導きうる推論だけを選別していく。演繹的推論の強みはなんといってもその精密さにある。この立場から見ると帰納的推論などはいかにも危うい。帰納的推論は擬合理装置が無意識のうちに行っているが、演繹的推論は意識的理性が担当している。意識的理性が自らの成果を過大に評価するのはやむを得ない。それゆえ一般に哲学者たちは帰納的推論を演繹的推論よりも一段低い推論だとみなしてきた。ポパーは「かつて発見された白鳥がみな白かったからといって、すべての白鳥が白いとは言えない」という言い方でこれを表現した。ラッセルやホワイトヘッドは帰納法にまつわる不確実性を科学的論理学から排除しようとした。排除した後に残るのは、第一命題の厳密な転記形式としての演繹法だけだ。しかし考察対象を演繹法による論理ゲームに限定してしまうと、公理系の第一命題自体の真偽証明は放棄せざるを得なくなる。

擬合理装置はこんな必然性信仰にはまったく心を動かされないだろう。すべての白鳥どころか、三羽の白鳥を見れば「白鳥は白い」と決めてかかる。それを修正するのは白くない白鳥を見てからで十分だ。擬合理装置は蓋然性を優先し、すばやく秩序を発見しようとする。彼は理論家ではなく実践家だ。いやもっと正確に言うと、かなり実力のある理論家だが、証明理論ではなく発見理論を重視する理論家だ。哲学的に言えば、超越論的基礎づけを放棄し、徹底したプラグマティズムの立場をとる。だからまずは予見的な判断を優先し、それが裏切られた時にだけ経験的検証を行う。いつの日か黒い白鳥が出現するかもしれないなどと最初から厳密に考えていては、目の前の獲物を取り逃がしてしまう。目標は秩序の認識ではなく、あくまで秩序への適応だ。この前提から、擬合理装置は感覚器官に入ってくる無数の事象の「意味」を効率的に点検していく。ここでいう意味とは、自分が立てている期待が裏付けられる確率、つまり蓋然性の大小のことだ。期待が裏付けられればその確率は急速に上昇し、世界の実在的秩序に基づく恒常的な事象であると判断される。

第二の仮説——相等性仮説

その際、擬合理装置が特に目ざとく発見するのが、複数の事象の共在や反復だ。共在とは複数の事象が同時に存在する現象をいう。擬合理装置はこれにきわめて敏感だ。第一の蓋然性仮説は、世界には秩序が存在するという仮説を立てて認識を開始する。その秩序の中でも共在や反復はもっとも根源的なものだ。擬合理装置は与えられた情報の中から、事象の共在や反復をすばやく読み取る。たとえば１２３１２３という六つの数字を見ると、擬合理装置はこれを１２３という単位の共在ないし反復だと直観する。この数列を12・31・23という三つの単位の並存だと勘違いすることはまずありえない。そんな勘違いをする生物がいれば、早晩、淘汰されてしまうだろう。

もっと複雑な例をあげれば、「体長二十センチの白猫」、「体長五十センチの黒猫」、「体長五十センチの黒犬」を同時に見たとき、どんな子供でも直観的には「二匹の猫」と「一匹の犬」という二つの集団として認識する。それは大きさも色も異なる二匹の猫の共在的性質の方が、大きさと色が等しい猫と犬の共在的性質よりずっと多いと直観するからだ。白い子猫であろうが、大きな黒猫であろうが、まだ見たことのない新しい猫であろうが、さらには絵本の中の猫であろうが、子供はそれが同じ種に属する動物だとすぐに分かる。

これが擬合理装置による第二の相等性仮説[*8]だ。擬合理装置は対象に含まれるある種の性質の共在をすばやく察知して「対象を知覚する際には類似したものは相等しいものと見てよい。細部の違いは無視してもかまわない。まだ知覚されていないものにも、その類似性は拡大する可能性が高い」という先行的な仮説を立てて、現実を認識しようとする。擬合理装置のこの作用によって、環境世界は共在的性質ごとに分類された類似場の集合として認識される。自宅の猫しか見たことのない子供でも、その擬合理装置には、この猫に似たものが他にもいるはずだという期待がすでに形成されている。「猫なるもの」という一般概念がここですでに予兆されている。

この仮説は遺伝子レベルにも書き込まれている。たとえばある種のダニは①酪酸《らくさん》の臭いによって枝から身を落とし、②三十七℃の物体に触れたならそれを食い破る、という行動のプログラムを遺伝的に獲得している。ダニから見れば、この二つの性質さえ共在していれば、すべて「哺《ほ》乳《にゅう》動物」として扱ってよい。色や形や毛の有無など、その二点以外の相違点は無視してよいと、生得的に教えられている。同じ理由から、実物そっくりのトゲウオの模型よりも、抱卵期の腹部を誇張し単純化したメスの模型の方が、トゲウオの雄には優先的に選択される。*9

ここにも、あの演繹的推論が要求する必然性や論理性はまったく見られない。だからこそトゲウオは模型に騙《だま》される。しかし、こうした能力を過小評価してはならない。ダニが選んだ二つの指標は驚くべき精度と効率性で哺乳動物を見分けることを可能にする。類似性を予測するために膨大な情報から必要なものを抽出するプログラムは、生得的解発機構（ＡＡＭ：angeborener Auslösemechanismus）と呼ばれる。これが機能せず、シマウマがライオンの微妙な個体差にいちいち気を取られていたら、たちまち絶滅してしまうだろう。高等生物はこのＡＡＭと似た機能を果たす高次の直観能力を持っており、これによって多様な情報から相対的な関係性（ゲシュタルト）を抽出することができる。すべての音の周波数を倍にしても、私たちの感知するメロディが同一性を保つのはそうした能力による。

こうした類似性による分類もまた階層性をなしている。犬と猫の違いを敏感に察知する子供も、木や花と比べれば犬と猫は同じ類似場に属しているということを、容易に理解する。

第三の仮説——原因仮説

霊長類《れいちょうるい》のような高等動物になると、さらに第三の仮説が擬合理装置に加わる。それは「類似した事象や状態は同じ原因に由来し、それは同じ作用をもたらすだろう」という、原因と結果についての仮説だ。形式的には「AならばB」という反応として記述できるが、それだけであれば生命の基本的アルゴリズムとして生得的解発機構にもすでに含まれている。因果性の認識にはさらに時間の表象が必要となる。「現在」におけるAという事象が「未来」におけるBという事象を必ず引き起こす。あるいは「過去」におけるAという事象が「現在」におけるBという事象の原因となったに違いない。こうした先行的な判断が成立するには、現前していない過去や未来という時間を、表象の中で現実化する必要がある。表象空間の広がりは、Aの直後にBが生じるといった明示的な共在関係のないところでも、因果関係の推論を可能にする。これが種の生き残りに大きな利点となったことは疑い得ない。

こうした原因仮説は、第二仮説が発見した類似場についても先行的判断をする。つまり「互いに類似しているものの背景には同一の原因が潜んでいる」という判断だ。リードルは類似場の背景にある原因に応じて、類似性を相似（アナロギー）と相同（ホモロギー）の二種類に分類している。相似とは個体の外部条件に由来する類似性だ。一例として、サメとイルカが系統樹ではまったく別の位置を占めているにもかかわらず、流体力学的な最善解である流線型の外形をとっていることなどがあげられる。他方の相同とは、個体の内部条件に由来する類似性で、たとえば人間の手とモグラの前肢が同じような骨格を持っている例などがあげられる。相似は機能的な最善解を目指して収斂的に進化し、相同は多様な環境への適応を目指して放散的に進化する。しかし、擬合理装置はこの二種類の類似性の原因をつねに混同する。

　これはわれわれの社会理論にも重要なヒントを与えてくれる。近代化といった複合的な社会進化においても、普遍性のある最善解を目指して収斂的に進化する要素（効率的なエネルギー使用等）と、多様な環境への適応を目指して放散的に進化する要素（社会統合における宗教の役割等）とが混在している。しかし社会政策はそれを往々にして的確に区別できず、多様性を目指すべき部門に機能的合理化を押し付け（教育の画一化）、普遍的合意を目指すべき部門で文化的独自性を固守しようとする（文化・宗教による性差別の正当化等）。

　原因仮説については、哲学史も長い格闘を続けてきた。よく知られているのはアリストテレスの四原因説だ。家を建てる時には第一に「動力因」、つまり労働力が必要だ。第二には「質料因」、つまり建材やレンガが必要だ。第三には「形相因」、つまり設計図が、そして第四には「目的因」、つまり誰かの意図が必要だ。この四つを、現代の私たちは原因とは呼びにくいだろう。擬合理装置は、四つの原因を示されるとこんなふうに問いかける。「その四つの原因の背後にはただ一つの究極原因があるのではないか」と。事実、哲学史はそうした究竟因を捜し求めてきた。アリストテレスの解釈者たちとスコラ哲学者たちは、四原因のうち目的因こそは究竟因だと考えた。正反対に、近代科学の創始者たちは動力因こそは究竟因ではないかと問い返した。これについても進化論的認識論の研究者たちは、もっとエレガントな解答を用意している。原因を単一原因に帰そうとするその衝動こそが、合理的理性には意識できない、アプリオリ（先天的）な生得的教師の指図を原因としているのだ、と。

第四の仮説——目的仮説

類似した事象が同じ原因に発するという第三の仮説を裏返したものが、第四の仮説、すなわち類似した事象は同じ目的を目指しているという期待となる。通常、目的とは、主体が一定の因果関係を把握した上で、その行動に自覚的に介入していくときに生じるものとされる。したがってそれは主体の自己意識の発生とともに成立すると考えるのが普通だ。しかし、リードルは目的論の体系をこれよりはるかに拡大し、生命現象全体に押し広げようとする。リードルによれば目的仮説とは「互いに似通ったシステムは上位システムの副次的機能を果たしているはずだ」という期待として表現できる。先に述べたように、下位システムは上位システムに対して原因（構成的な原理）として作用し、上位システムは下位システムに対して目的（統制的な原理）として作用するというのが、ここでのリードルの主張だ。

私が動物を狙って小石を投げたとしよう。これは私の投石を原因とする一つの行為だが、それは同時に動物を追い払うための目的行動でもある。両者は密接につながっており、私は原因と目的をほとんど不可分のものと感じている。だからある時、私に向かって石が飛んで来れば、それは誰かの投石が原因であると同時に、そこには誰かの目的や意図があることを私は直観する。だから不意に雷が落ちたり、長期にわたって雨が降らなかったりすれば、私はそこにも誰かの意図や怒りを探ろうとする。これが原始的アニミズムの起源だ。そこには原因を、意志や目的と同一視する擬合理装置の仮説が働いている。そこには、誰かの目的こそが原因となるという確信が潜んでいる。「ために」という語の中には「目的」と「原因」が連続的に表現されていると先に指摘したが、ここにも擬合理装置の先行的判断が絡んでいる。

近代科学はこの原因と目的との紐帯を切り離し、原因は客観的・外在的カテゴリーとして、また目的は主観的・内在的なカテゴリーとして再定義した。目的論的な歴史哲学の最後を飾るヘーゲルに対して、マルクスとエンゲルスは因果論的な歴史発展の体系を対置した。二十一世紀の社会理論は、この分裂を、類の本質に潜む理性の分裂として公平に扱い、それぞれに適切な理論的地位を与えるものでなければならないだろう。

類の本質と因果律の呪縛

生物の認識は、秩序の恒常性を前提として、①蓋然性と②類似性とを手掛かりにその秩序を認識し、同時にその③原因と④目的とを想定するような擬合理装置に導かれている。これがここまで駆け足で紹介してきたリードルの主張だ。この擬合理装置は生得的教師として人類にも継承されており、私たちは無意識のうちにこの教師の指示を受けている。

ここでリードルが警告することが二点ある。第一点目は、この擬合理装置の判断が、合理的理性によって不当に低く評価されてきたことへの警告だ。擬合理装置は蓋然性と類似性を発見する抜群の能力を備えている。それは帰納的推論を通じて、未知なる領域での発見法に多大な貢献をなしてきたし、今も日々なしている。しかし、これは無意識的な過程に封じ込められているため、意識的な理性が行う因果論的な推論に比べると、あたかも不確実な情報処理のように思われてきた。因果論や演繹的推論は一流の理論、目的論や帰納的推論は二流の理論。この誤った思い込みは合理化が進んだ近代社会でさらに進んだ。しかし、これは意識的理性と、それに支えられた技術文明の自己幻想にすぎない。そこにはあの「因果律の呪縛」が継承されており、帰納的推論や経験則への過小評価がある。

たとえばある町にゴミ処理場が建設されたとしよう。一年後に多くの人が呼吸器障害を訴えた。その呼吸器患者の分布を地図にプロットすると、その数はゴミ処理場を中心にきれいな同心円を描いている。これが明らかになれば、擬合理装置はこの呼吸器障害は確実にこのゴミ処理場を原因としていると結論づける。患者たちはこの地図を証拠に裁判所に訴える。しかし多くの場合、それは状況証拠以上には扱われない。裁判所が求めるのは、原因物質の特定であり、その物質がなぜその障害を起こすかの因果性の証明だ。その際、同じ物質で同じ症状を実験室で起こすことができる再現性の立証が不可欠となる。そこには、因果論的推論には論理的拘束性があるが、帰納法的推論には確実性が不足しているという思い込みがある。しかし、患者の数が偶然的に同心円を描く確率は日常生活では無視してもよいほどゼロに近い。こうした場合にはむしろ、処理場の設置者側に証明責任を求める法改正が必要だろう。この方向で少しずつは進んでいるようだが、これなどは因果律の呪縛の弊害の一つだ。

患者の顔色や舌の様子や腹部の張りや心臓の鼓動から健康状態を読み取る訓練は、長らく医学教育の中心にあった。現代では血液分析のデータや画像分析が主流になっている。ここにも個別データの過大評価とゲシュタルト認識への過小評価が見られる。受験科目からは運動能力や美術、書道、技術・家庭など、形態認識能力を試す科目はどんどん減らされ、因果論と演繹的推論の能力だけが知的エリートたちの選抜基準となっている。数学の中でも初等幾何学よりも解析的手法が受験勉強の中心となる。こうしてあらゆる分野に擬合理装置への過小評価が広がっていくことは、さまざまな場所で文明の危機をもたらすだろう。

リードルの警告の第二は、これとは逆に、擬合理装置は現代社会にあわせて進化したものではなく、そこでの過ちは絶えず意識的理性、合理的理性による修正を必要としているという点だ。二十一世紀の社会理論には、人間という類の本質をこのような視点から再考することが求められている。

二　そして、ふたたび哲学へ

世界の階層性

進化論的認識論は、哲学的認識論にも貴重なヒントを与えた。第一に、これによって哲学的にはアプリオリな条件とみなされていたものが、アポステリオリ（後天的）な自然史の成果として見直されるようになった。それによって第二に、理性の無意識的な情報処理過程には、系統発生史に根拠を持つ一定のアルゴリズムが存在していることが確認された。そして第三に、生命システムがどのレベルをとっても下位システムと上位システムからなる階層構造をなしていることが詳しく解明された。その際、下位システムは構成的な原理（原因）として、上位システムは統制的な原理（目的）として、循環的な相互作用を及ぼしあっており、そこには超越的・特権的な第一原因は存在しない。

振り返ってみると、西欧初期近代の社会理論は下位システムから上位システムが発生するメカニズムを演繹的に論証するために多大な知的エネルギーを費やしてきた。それはスコラ的な目的論の体系から政治権力を解放し、個人を出発点とする新たな社会理論を構築するためだった。その動機自体は今日もなおその輝きを失ってはいない。しかしそこで選ばれた議論戦略には最初から成功の見込みはなかった。

下位システムが原因として作用するとき、そこにはすでに上位システムが目的として想定されている。その目的想定自体を演繹的論証によって証明することはできないし、またその必要もなかった。それが、まさに類の本質であり、人間の条件にほかならない。上位システムと下位システムはともに等しく根源的なものであり、どちらかに第一原因の地位を与えることはできない。だから二十一世紀の社会理論は、下位システムと上位システムの循環的な相互規定を脱超越論的に記述できるものでなければならない。さもなければ、これまでと同様、革新派は演繹的理論を振りかざし、保守派は帰納的経験則に固執しながら、不毛な対立関係を続けるほかないだろう。議論で勝利しても、現実で敗北しては意味がない。

ヘーゲルとマルクスはそれぞれの仕方で、この上位システムと下位システムの循環的な相互規定関係を捉えていた。しかし最後のところで、ヘーゲルは上位システムに、マルクスは下位システムに第一原因を求める誘惑に勝てなかった。ヘーゲルは市民社会が依拠する構成的な原理（原因）としての経済的強制力を過小評価した。マルクスは民主主義を目指す統制的な原理（目的）としての政治的意志を過小評価した。

本書では、この階層性の認識に基づく社会理論を具体的に展開する余裕はないが、こうした理論のためのいくつかのヒントを提示することで締めくくりとしたい。進化論的認識論が提供した科学理論は、ここでふたたび、現代社会に立ち向かうための哲学的課題へと引きわたされる。

個と社会が作り上げる全体は、どのレベルで切ってもつねに、上位システムと下位システムの循環的階層性として機能している。ある上位システムはさらに上位にあるシステムの下位システムをなし、下位システムもまたさらに下位にあるシステムの上位システムをなす。たとえば国家というシステムは国民という下位システムの上位システムとして機能すると同時に、国際連合という上位システムの下位システムとしても機能する。

その際、人間の擬合理装置は、ここでも低位の階層関係を高位の階層関係へとさっさと「外挿」して帰納的推論を働かせようとする。この例で言えば、国民と国家の関係を、そのまま国家と国連の関係に類比的に当てはめようとする。しかし、各々の層にはつねに創発的な秩序があり、この類比はほとんどの場合、適切とは言えない。現代の社会理論は多層的世界におけるこうした類比的アプローチにきわめて敏感かつ慎重でなければならない。ここではそのことを、カントの『永遠平和論』を題材として論じておこう。

カントの『永遠平和論』

一七九五年、フランス革命政府に対するプロイセンの干渉戦争は、バーゼルの和約によっていったん終結する。同年に刊行された『永遠平和論』はカントの平和構想を国際条約の形式を借りて展開したものだ。その十一年前、カントは「世界市民的視点から見た普遍史の理念」(一七八四)と題する論文を執筆し、自分の歴史哲学、国家哲学、国際法に対する基礎認識を九つのテーゼにまとめていた。その第五命題で、カントは、普遍的な形で法を管理する市民社会の建設こそが、人類に託された最大の課題だと論じている。しかし、完全な世界市民的体制が設立できるかどうかは、国家間の外交関係を合法化できるかどうかにかかっている(同、第七命題)。なぜなら、国内が法制化されても、国同士が敵対的な「自然状態」にとどまる限り、市民は絶えず戦争の脅威にさらされるからだ。この段階での国家は下位システムである国民に対しては、社会契約による政治国家という上位システムとして自らを理解する。しかし、同じような他の国家に対しては、まだ上位システムを持たない自然状態にある国家として振る舞わざるを得ない。とすればここで要請されているのは、こうした国家間での新たな社会契約だということになる。ところがこの社会契約の国際化という要請を前に、カントは一つのジレンマに陥る。理性にしたがうなら、国家もまた個人と同様、無法な自由を放棄して、公的な強制法に服する以外に戦争状態から抜け出す手立てはない。そして最終的には諸国家が、上位システムとしての超国家を樹立し、そこに地上のあらゆる民族を包摂するほかない。

しかし、国家にはお互い同士で認めあっている主権があり、固有の交戦権がある。かりに主権国家が別の国家の主権を侵害しても、当時はそれを裁く上位システムとしての裁判機構もなければ、主権国家に優越する制裁権力も存在しなかった。どこで戦争が勃発しようとも、主権国家およびその指導者に対しては、あらかじめ国際法上の無罪推定が前提とされていた。理性法による戦争禁止は、一般論としてはどんなに正しくても、個別事例においては主権国家の抵抗に遭遇するだろう。いわゆる総論賛成、各論反対となる。そしてすべては水泡に帰すだろう。

このジレンマを逃れるためにカントは『永遠平和論』の中で一つの現実的な折衷《せっちゅう》案を提出した。すなわち世界全体を包摂する一つの世界共和国をつくるという積極的理念を取り下げて、平和を守る自主的な国家連合を創設し、そのメンバーを徐々に増やしていくという消極的代替策だ。

このカントのジレンマについて、現代ドイツの哲学者ユルゲン・ハーバーマス(一九二九—)は興味深いコメントを付している。*10 ハーバーマスは言う。一般にわれわれが耳にするのは、カントは高邁《こうまい》な理念を掲げはしたが、厳しい現実を前に代替案を余儀なくされた、という説明だ。しかし、どんなに現実と乖離していたとしても、それは理念自体を取り下げる理由にはならないだろう。理念と現実はつねに一致しない。だから現実との乖離は理念を取り下げる理由にはならない。加えてカントは、世界市民体制に向かう傾向をけっして高邁な理想、非現実的なユートピアとみなしていたわけではない。むしろ以下の三つの理由から、世界市民体制という「理念」は空想的どころか、現実的で必然的なものだと考えていた。

一　立法者である市民が創設する共和国は本質的に平和を好むこと。

二　世界市場の発展によって各国の相互依存が強まっていること。

三　特定地域での法の侵害が地上すべての場所で感じとられるような世界公共圏が成立しつつあること。

もちろん十八世紀の知識人カントにとっての世界公共圏とは、あくまで当時のヨーロッパ社会以上のものではなかっただろう。それでもカントは、共和主義的な政治体制、経済交易網の国際化、法の支配に対するセンシビリティの向上は、遠い将来、世界市民的秩序の成立を必然的なものにするだろうと予測していた。だから、カントが世界共和国構想の前にたじろいだのは、それが現実性に乏しかったからではなく、むしろその理念に内在する矛盾にカント自身が気づいていたからではないか。これがハーバーマスの見解だ。ではその矛盾とは何か。

かりに主権国家が世界共和国に統合されたとしよう。そのとき、各国民国家の市民は、これまで各国内で享受してきた実質的自由を失う可能性がある。場合によっては文化的アイデンティティや民族的自立まで失いかねない。国家同士が自然状態に置かれていたとしても、各国家内部での社会契約は市民にそれなりのものを与えてきた。その市民はもはや自然状態のもとでは生きていない。自然状態に置かれた国家は、自然状態に置かれた個人よりも、はるかに多くの失うべきものをすでに手にしている。これがカントのジレンマだった。国際法は国内法に優位するという原則があるが、今日なおこの原則に抵抗する人々が多く存在するのもこのジレンマのゆえだ。ＥＵの憲法草案もまたこのジレンマに屈した。

これに対してハーバーマスは次のように主張する。カントが陥ったジレンマは、主権国家内の社会契約と国際関係の法制化とを性急に類比することから生じている。自然状態にある個人が自然権を放棄する過程と、自然状態にある国家が主権を放棄する過程とは水準が異なる。主権国家のみを国際法の主体と考える古典的国際法から世界市民法への移行を考える際には、こうした階層間の上下規定関係を十分に抽象化して考える必要がある。カントにはそれに必要な抽象性が不足していたとハーバーマスは言う。

カントに抽象性が不足しているとは、滅多にお目にかかれない意見だが、カントもまた時代の子だ。近代的な社会契約論の水準では自由で平等な市民の結合とみなされていた国家が、いったん国際関係の中に置かれると、とたんに言語、宗教、生活スタイルをともにする政治的・民族的統一体としてイメージされる。平等な成員の設置した憲法体制であったはずの共和国も、国際関係が問題になるやいなや、自律的で文化的・社会的な一体感を持つ国民国家として実体化される。こうなると、世界共和国などは主権国家の集団的生活形式を脅かす抑圧的存在とならざるを得ない。

こうしたカントのイメージの背景には、中央集権化されたフランス共和国のモデルがあったのではないかとハーバーマスは見ている。それゆえ、国家主権は不可分であるとするドグマに囚われ、概念の袋小路に迷い込んだ。もしもカントが同じ共和制のモデルとして、当時のアメリカ合衆国を想定していれば、複数の水準に分割された国家主権の可能性をそこから読み取っていたのではないか。そして、連邦政府のために主権を一部放棄した独立州が、けっして文化的な特色や一体性を失う必要がなかったことを理解したのではないかと、ハーバーマスは想像をめぐらしている。古典的国際法から世界市民的状態への移行は、主権国家内での法制化過程をそのまま外挿し、帰納的な類比を通じて得られるようなものではない。国際関係の法制化は、むしろさまざまなレベルで、しかもより非実体的・抽象的な形で、主権国家の法秩序を「補完」するプロセスだ。そのように考えさえすれば、カントは世界市民的理念を後退させることなく、しかもそれを実体的な世界共和国から概念的に切り離すことができたはずだ。このようにハーバーマスは主張している。本書ではこれ以上の例をあげることはできないが、この「多層的民主主義論」は現代のEU論でも、あるいは国際刑事司法論でも、きわめて有効な議論だ。

現代社会理論の使命

すでに見たように、ヘーゲルは客観精神の最高段階としての倫理性を家族、市民社会、国家という三層構造で説明した。そして市民社会における経済紛争は、上位システムとしての国家によって政治的に宥和しうると予測した。これに対してマルクスは、下部システムとしての経済的強制力は上位システムをも下から改変していくだろうと予測した。国家が持つ統制的な原理（目的）は資本主義的生産様式が持つ構成的な原理（原因）を抑え込めないだろうというのがマルクスの理論予測だった。それは、資本主義というシステムが容易に国民国家の枠を超えて、ヘーゲルが想定していた三層の上に国際市場や国際金融システムなどの上位システムを作り上げていくからだ。

二〇〇八年から始まった金融危機は、目下《もっか》のところは収束しているように見える。第二章で見たように、先進諸国の中央銀行が市場に流動性を供給することで、少なくとも危機の先送りには成功した。にもかかわらず、賃金の上昇、購買力の向上、消費の活発化、企業の設備投資の向上という好循環を招き寄せることは容易ではない。日本企業の利益剰余金の総計は過去最高を記録しているにもかかわらず、それが労働者全体の賃金上昇にはつながっていない。たまりかねた首相が経団連に賃上げを促したほどだ。これを見て多くの国民は、いったい労働組合は何をしているのかと呆《あき》れたことだろう。雇用の不安定化と賃金の頭打ち、膨大な国債残高と超高齢化社会の到来が消費を抑制し、企業の投資意欲を削いでいる。

国民は、今日にいたるまで「時間を買う」ために投じられてきた貨幣がいずれ税負担となって返ってくることを良く知っている。だからこそ老人は、予測される医療・介護の自己負担増と年金カットに怯え、若者は結婚や育児を控え、資本家は人口減少が予測される国内への投資を控え、さらなる人件費の削減や非正規雇用への転換を考えている。こうした中で富裕層や企業の富を吸収した国際金融資本の蓄積が進み、それが各国民国家の国債の原資となっている。もはや国際金融の顔色を窺わずには、国家予算案すら立案できない。特に、年間国家予算の半分を国債でまかなっている日本は先進諸国の中でも際立っている。こうして今や、国民国家は上位システムとしての国際金融資本の下位システムとして機能し、上位システムの統制的な原理（目的）に従わざるを得なくなっている。

戦後復興期の西側社会では、ヘーゲル的な福祉国家が資本の上に君臨し、最上位システムとしてマルクスの理論予測を裏切ってきた。しかし、新自由主義への転換以降、国家はふたたび国際金融資本の下位システムと化し、マルクスの理論予測が現実味を帯びてきている。

こうして国際金融資本の下位システムと化した国家は、当然の反応として主権の再強化を図ろうとするだろう。近年の「国民国家」という物語《ナラティヴ》の顕著な復活はその一つの兆候と言える。この兆候は、世界中で急成長しつつあるポピュリズム政党のみならず、既成の中道政党にも着実に拡がっている。「強い国家」の再建を約束するポピュリズム政党は、グローバル化の敗者たちの期待を一身に背負って政権を奪取するかもしれない。しかし、一度与党になって自分で予算案を立ててみれば、単独で国際金融資本や租税回避地（タックスヘイヴン）を封じ込め得るほど強い国家など作り得ないことは、すぐに分かるだろう。そして早晩、国民には強い国家を標榜して胸を張り、国際金融資本や軍産複合体には揉《も》み手をしてすり寄る道化役に甘んじることになるだろう。現代における国民国家は、もはや単独で国際金融資本の上位システムを演じることはできな

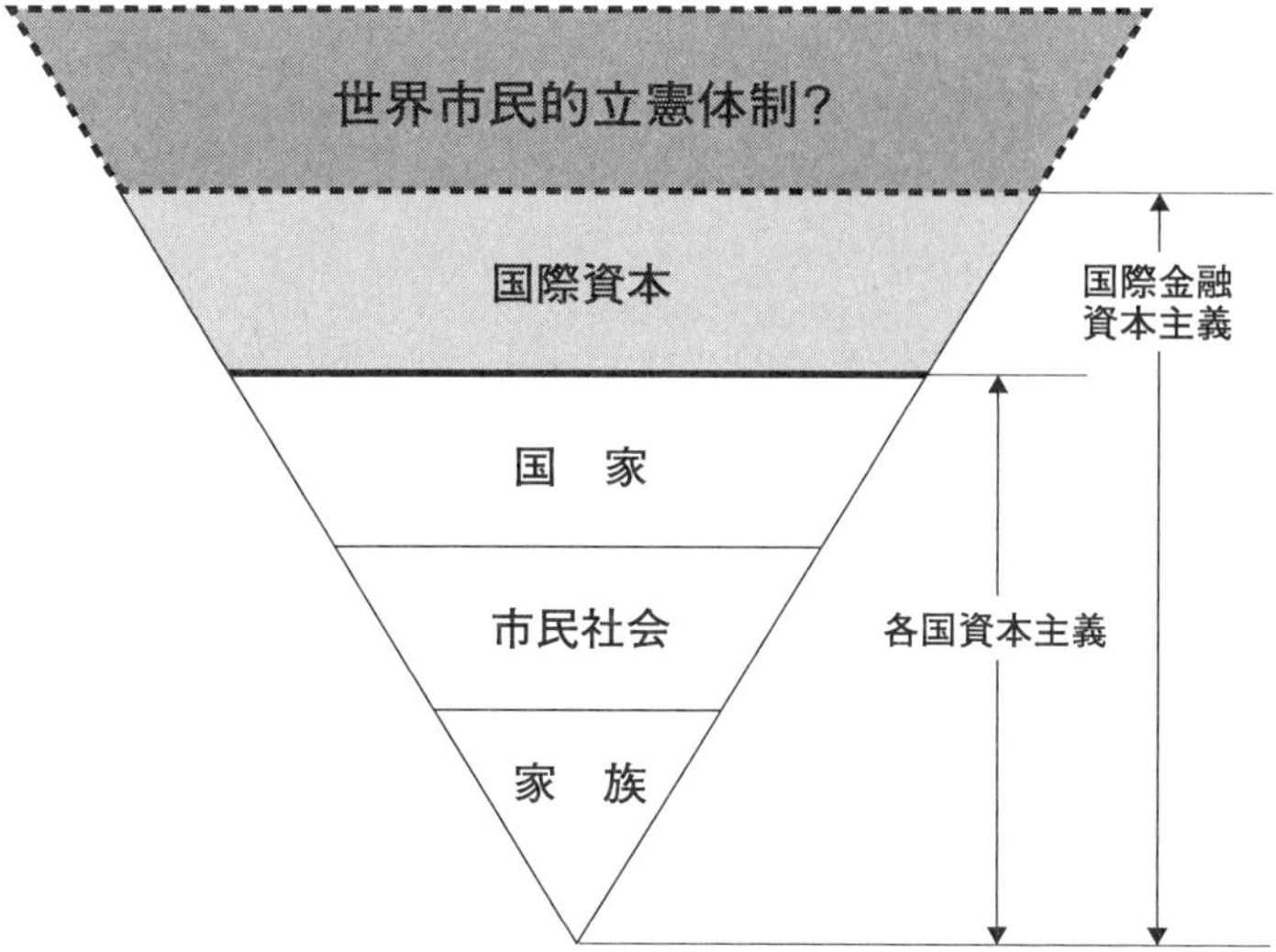

21世紀システムのアイデア。統制的な原理に着目した図。構成的な要素の数に着目すればピラミッドの形は上下逆になる。

い。

国際金融資本はいまだにある種の自然状態にある。二十一世紀の社会理論は、この国際資本のさらに上位に、世界市民的要求を掲げる超国家的な上位システムを確立するための理論となっていくべきだ。上位システムといっても単一の世界共和国などではありえない。それはむしろ、人権、平和、環境保護、国際金融や軍産複合体の監視など、いくつかの限られた重要課題でのみ連帯しうる、多様な諸組織の連携として構想されねばならない。それは「薄い」連帯形式を保ちながら、同時に国際金融資本に対する統制的な原理として機能しうる立法組織でなければならない。それが国民国家内の社会契約と原理的に矛盾しない要求であり、理論的に実現可能な構想であることを論証することこそ、現代の社会理論に課された使命だと筆者は考える。下位の構成的な原理が上位の統制的な原理を自己立法によって導き出せない場合には、そのさらに下位にあるシステムが、階層性を飛び越えてそれを代行しうるシステムも整備する必要がある。個人の資格で国家を飛び越えて国際機関に直接訴えていく法的通路を作り出すことなどがそれにあたる。また上位システムが適切な学習能力を持つためには、その下位システムに偶然性や多様性が豊かに発生し、上位システムを修正するための選択肢が豊富に提供されなければならない。上位システムがあまりに厳格な統制的原理として作用し、下位システムから生まれる偶然性が抑圧されると、上位システムもまた他の上位システムとの競争力を失っていく。上位システムがその都度、下位システムの「遊び」の領域を豊かに保つことが、自らの保存のためにも必要となる。

現在の国際金融資本に対して統制的な上位システムとなりうる世界市民的立憲体制は、どのようなものになるのか。その体制を構成しうる超国家組織としては、とりあえず国連を中心に据えるほかないだろう。国連の改革を進め、それをEUやASEANを初めとする連合体、G20、IMF、国際刑事裁判所、国際人権NGO、環境NGO、さらにはカトリック教会などの宗教団体等々が多層的に支えていくことになるだろうか。いずれをとってもまだ弱々しく、本来あるべき姿からは遠く離れている。こうした世界市民的な上位システムの決定的な弱点は、国民国家のような強力な物語《ナラティヴ》に訴えることができないことだ。しかしその物語は、本来が下位レベルでしか成り立たない帰納的推論を、上位層に外挿しようとする擬合理装置の作品だ。厳密に言うと、現在の国民国家に対して外挿するのでさえ、すでに不適切だ。いわんや一秒の間に何百回も巨額の富がネット上を駆けめぐるような世界において、旧石器時代以来の擬合理装置の直観に「類」の運命を任せるのはあまりにも愚《おろ》かしい。最上位層をなす立憲制度は、擬合理装置の物語ではなく、その擬合理装置の限界を見極める反省的理性によってのみ十全に機能する。心に訴える物語性ではなく、議論に訴える批判性こそが、その水準における力の源となる。こうした抽象性に、現代文明は耐えていかねばならない。もし、この課題を放棄するなら、幾多の類と同様の絶滅が人類史を待ちうけているだろう。しかし、まだまだ絶望するには早すぎる。そのための希望の萌芽はあちこちに生まれている。広く薄い連帯を通じて、その萌芽を世界市民的憲法体制にまで組み上げる試みは、今ようやく緒についたところだ。

それはまだ夢物語にしか聞こえないかもしれない。にもかかわらず、われわれは今こそ真剣に問い直さねばならない。国際金融資本や軍産複合体が、それを統制する上位システムを持たず、人類社会の最上位システムとして君臨し、最終的な統制的原理を発揮するような世界に、はたして人類の希望があるだろうか、と。現行の超国家システムがどんなに不完全であろうとも、人権と平和と環境保全を掲げて国境、人種、性別、宗教を超える連帯を模索し、未来の世界市民社会の自己立法体制をともに構想していくことは、かつてマルクスが夢見たあの社会的共同存在としての「人間の解放」のために、けっして避けて通ることのできない課題だろう。

註

＊1　ルーペルト・リードル『認識の生物学――理性の系統発生史的基盤』鈴木達也、鈴木直、鈴木洋子訳、思索社、一九九〇年、三〇四頁の図を参照。

＊2　Brunswik, E. (1955): "Ratiomorphic" models of perception and thinking. *Acta Psychol.* (11): 108–109

＊3　Campbell, D. (1959): Methodological suggestions from a comparative psychology of knowledge processes. *Inquiry* (2): 152–182.

＊4　*Lorenz*, K. (1959): Gestaltwahrnehmung als Quelle wissenschaftlicher Erkenntnis. *Zeitschrift für experimentelle und angewandte Psychologie* (6): 118–165.

＊5　リードル前掲書、三七頁以下。

＊6　Lorenz, K. (1973): *Die Rückseite des Spiegels. Versuch einer Naturgeschichte menschlichen Erkennens.* München(Piper) S.123ff.

＊7　リードル前掲書、六三頁以下。

＊8　筆者も訳者の一人として関わったリードル前掲書の翻訳では「比較可能性の仮説」と訳されている。元のドイツ語は vergleichbar という単語で、この語は普通「比較可能だ、似ている、同等だ」といった意味で用いられる。しかし、ここでは ver-gleichen（同じにする）という語源にかけて「厳密には同じではないものを相等しいものとして扱う」という意味が強く示唆されている。ここでは、その点が伝わるように「相等性」仮説と訳しておく。

＊9　リードル前掲書、一五九頁の図を参照。

＊10　ユルゲン・ハーバーマス『引き裂かれた西洋』大貫敦子、木前利秋、鈴木直、三島憲一訳、法政大学出版局、二〇〇九年、一七一頁以下、および巻末の筆者の解説を参照。

参考文献

本書で取り上げた主な哲学者の著作については以下を参照した。なお、註で触れたものは省略した。

マルクス・コレクション全七巻、筑摩書房、二〇〇五年
Ⅰ　デモクリトスの自然哲学とエピクロスの自然哲学の差異
　ヘーゲル法哲学批判序説
　ユダヤ人問題によせて
　経済学・哲学草稿
Ⅱ　ドイツ・イデオロギー（抄）
　哲学の貧困
　コミュニスト宣言
Ⅲ　ルイ・ボナパルトのブリュメール一八日
　経済学批判要綱［序説］［資本制生産に先行する諸形態］
　経済学批判［序言］
　資本論　第一巻　初版　［第一章］
Ⅳ　資本論　第一巻（上）
Ⅴ　資本論　第一巻（下）
Ⅵ　フランスの内乱
　ゴータ綱領批判

時局論（上）（インド・中国論）

Ⅶ　時局論（下）

芸術・文学論

手紙

ヘーゲル『法の哲学』Ⅰ・Ⅱ、藤野渉、赤沢正敏訳、中公クラシックス、二〇〇一年

章末の註に記した文献以外で、特に参照した文献を以下に掲げておく。

Rahel Jaeggi, Daniel Loick (Hg.), Nach Marx: Philosophie, Kritik, Praxis, Berlin (Suhrkamp) 2013.

Rahel Jaeggi, Daniel Loick (Hg.), Karl Marx: Perspektiven der Gesellschaftskritik, Berlin (Akademie Verlag) 2013.

Smail Rapic (Hg.), Habermas und der Historische Materialismus, Freiburg/München (Karl Alber) 2014.

Ingo Elbe, Marx im Westen: Die neue Marx-Lektüre in der Bundesrepublik seit 1965, Berlin (Akademie Verlag) 2010.

Blätter für deutsche und internationale Politik (Hg.), Demokratie oder Kapitalismus? : Europa in der Krise, Berlin (Blätter Verlagsgesellschaft) 2013.

あとがき

一九八九年にベルリンの壁が崩れ、その二年後にソ連が崩壊したとき、戦後冷戦下の体制間競争は、とりあえず西側の勝利に終わった。それ以後、資本主義は代替案なき唯一の選択肢のように見え始め、その体制を覆す大きな物語や、資本主義の後に来るべき社会についての構想は、次第に人々の記憶から失われていった。

しかしその後、敵を失った資本主義は急速に不安定化し始める。膨張した金融部門に溢れたマネーが、複雑な金融商品に姿を変えてバブル経済と通貨金融危機を誘発した。少数の富裕層への富の集中が進む一方で、若年失業率が高まり、不安定な縁辺労働と貧困が拡大した。途上国では民族・宗教紛争が激化し、中東やアフリカ諸国では今なお泥沼の内戦が続き、おびただしい数の犠牲者と難民が日々生み出されている。

いったんは資本主義の勝利と見えたものが四半世紀を経て遠景化された今日、人々は一つの事実に気づき始めた。それは、かつてマルクスの理論予測を裏切ってきた戦後復興期の西側社会が、時代的にも地域的にも、資本主義の歴史の中ではきわめて例外的な幸運に恵まれていたということだ。皮肉なことに当時は、西側社会自らが、マルクス主義と共産圏に対する警戒心と恐怖心を肥大化させ、資本主義圏における富の再分配や福祉政策に力を注いでいた。米英蘭の石油メジャーが資源を、ＩＭＦが通貨と為替を一元的に管理し、加えて技術革新と人口増加が、経済成長と中間層の拡大を促した。当時、資本主義の勝利と見えたものは、現実には途上国の資源収奪と資本主義圏内部での自己規制によってかろうじて保たれていたものだった。その二つの条件がともに崩れていけば資本主義はふたたび、資本主義自体が抱える矛盾によってその存続を脅かされるようになるだろう。マルクスが主張していたように、資本主義の真の敵は、巨大資本に富を集中させる資本主義自身の能力と避けがたい衝動だった。世界を駆り立てているこのメカニズムを大きな視野で捉えようとするとき、いまだにマルクスは避けて通ることのできない、もっとも体系的な資本主義分析を提供してくれている。

もちろんマルクスと私たちの間には、二つの世界大戦と戦後復興、そして近年の新自由主義的転換を含む百五十年の歴史が介在している。特に、史的唯物論と科学的社会主義のフィルターをかけられたマルクス主義理論には多くの時代的制約がある。本書はマルクス思想を、いったん西欧近代の啓蒙思想の文脈に置き直し、その批判的継承の試みとして読み解くことで、マルクス思想の核心を救い出すことを目指した。

「今の世界はどこかおかしい」という感覚は今や多くの人が分かち持っている。専門分野の垣根を越えて、この感覚に応えていくことこそが二十一世紀の社会理論の任務だろう。この小著がそのための小さな触媒の役割を果たすことができれば、筆者の目的は十分に達成されたことになる。

本書は、二〇一四年のNHKカルチャーラジオで「思想史の中のマルクス」と題して行った十三回のラジオ講座、およびそのテキスト『思想史の中のマルクス』（NHK出版）をきっかけとして執筆された。その間に、NHK文化センターの辰巳宏シニア・マネジャーとNHKエデュケーショナルの副島妃呂子氏、NHK出版の本間理絵氏、中村伸氏、藤橋和浩氏には、大変にお世話になった。何かにつけ引っ込み思案な筆者の背中を、その時々に一押ししてくださった皆様に御礼を申し上げたい。特に本書の編集を担当してくださった倉園哲氏には深く感謝している。倉園氏はきわめて明晰かつ心優しい若手編集者で、筆者の原稿が迷路に入ったときにも丁寧にそれを整理し、さまざまな改善提案をしてくださった。本書がなんとか形をなしたのは倉園氏との二人三脚の成果だ。

本書執筆のための資料調査は、筆者の勤務校である東京経済大学が二〇一四年度国内研究員として筆者に与えてくれた一年間の研究期間を利用して行った。昨今の大学ではどこでも種々の教育上、行政上の改革が進行中で、落ち着いて研究に集中できる時間は非常に貴重なものになりつつある。その中で、こうした素晴らしい制度を堅持し、この上ない研究環境を教員に提供してくれている東京経済大学にはあらためて感謝と敬意を表したい。

二〇一六年初春

鈴木　直

鈴木 直（すずき・ただし）
1949年、東京生まれ。東京大学教養学部教養学科卒業、同大学院比較文学比較文化博士課程退学、東京経済大学経済学部教授（社会思想史）。
著書に『輸入学問の功罪』（ちくま新書）、訳書にマルクス『資本論』第1巻（共訳、筑摩書房）、シュトレーク『時間かせぎの資本主義』（みすず書房）、ベック『〈私〉だけの神』（岩波書店）、シャバス『勝者の裁きか、正義の追求か』（岩波書店）など。

NHK BOOKS　1237

マルクス思想の核心
21世紀の社会理論のために

2016（平成28）年 1月25日　第1刷発行
2018（平成30）年 1月20日　第3刷発行

著　者　鈴木 直

発行者　森永公紀
発行所　NHK出版
東京都渋谷区宇田川町41-1　郵便番号150-8081
電話 0570-002-247（編集） 0570-000-321（注文）
ホームページ　http://www.nhk-book.co.jp
振替　00110-1-49701
装幀者　水戸部 功
印　刷　三秀舎・近代美術
製　本　三森製本所

Printed in Japan　ISBN978-4-14-091237-9 C1310

NHK BOOKS

*宗教・哲学・思想

仏像―心とかたち― 望月信成/佐和隆研/梅原 猛
続仏像―心とかたち― 望月信成/佐和隆研/梅原 猛
原始仏教―その思想と生活― 中村 元
ブッダの人と思想 中村 元/田辺祥二
がんばれ仏教!―お寺ルネサンスの時代― 上田紀行
目覚めよ仏教!―ダライ・ラマとの対話― 上田紀行
ブータン仏教から見た日本仏教 今枝由郎
人類は「宗教」に勝てるか―一神教文明の終焉― 町田宗鳳
法然・愚に還る喜び―死を超えて生きる― 町田宗鳳
現象学入門 竹田青嗣
ヘーゲル・大人のなりかた 西 研
論理学入門―推論のセンスとテクニックのために― 三浦俊彦
「生きがい」とは何か―自己実現へのみち― 小林 司
自由を考える―9・11以降の現代思想― 東 浩紀/大澤真幸
東京から考える―格差・郊外・ナショナリズム― 東 浩紀/北田暁大
日本的想像力の未来―クール・ジャパノロジーの可能性― 東 浩紀編
ジンメル・つながりの哲学 菅野 仁
科学哲学の冒険―サイエンスの目的と方法をさぐる― 戸田山和久
集中講義! 日本の現代思想―ポストモダンとは何だったのか― 仲正昌樹
集中講義! アメリカ現代思想―リベラリズムの冒険― 仲正昌樹
哲学ディベート―〈倫理〉を〈論理〉する― 高橋昌一郎
カント 信じるための哲学―「わたし」から「世界」を考える― 石川輝吉
ストリートの思想―転換期としての1990年代― 毛利嘉孝
「かなしみ」の哲学―日本精神史の源をさぐる― 竹内整一
道元の思想―大乗仏教の真髄を読み解く― 賴住光子
詩歌と戦争―白秋と民衆、総力戦への「道」― 中野敏男
アリストテレス はじめての形而上学 富松保文
なぜ猫は鏡を見ないか?―音楽と心の進化誌― 伊東 乾
ほんとうの構造主義―言語・権力・主体― 出口 顯
「自由」はいかに可能か―社会構想のための哲学― 苫野一徳
弥勒の来た道 立川武蔵
イスラームの深層―「遍在する神」とは何か― 鎌田 繁
マルクス思想の核心―21世紀の社会理論のために― 鈴木 直

※在庫品切れの際はご容赦下さい。